주님, 어떻게 목회할까요?

# 주님, 어떻게 목회할까요?

건강한 교회를 세우기 위한 성경적 목회 지침

황성철 지음

1992년 가을, 저는 조국교회를 섬길 수 있다는 희망을 안고 12년 만에 미국에서 귀국했습니다. 그 후 학교에서는 목회신학, 목회 상담학, 교회정치학을 가르쳤고, 또 전국 각지 교회로부터 설교 와 각종 세미나, 부흥회 등에 초청받아 섬겼습니다. 신학교와 교회 현장에서 성도들을 직접 만나보니 하나님이 한국교회에 얼마나 큰 복을 주셨는지 느낄 수 있었습니다. 하나님의 은혜를 목도하자 가슴이 벅차올라 늘상 감사의 찬송과 기도가 마음에서 떠나지 않았습니다. 세계 기독교 역사상 단기간에 이토록 교회가 부흥한 나라가 어디 또 있을까! 제 가슴은 감격으로 가득했습니다.

그러나 시간이 흐르면서 한국교회의 아픈 속살이 하나둘씩 보이기 시작했고 점차 그 속살은 더 넓고 깊게 보였습니다. 교회를 향한 감사의 눈물은 서서히 탄식의 눈물로 바뀌었습니다. 그 후 교단에서의 강의는 더욱 절절해질 수밖에 없었고, 학생들을 향한 책임감도 무게를 더해갔습니다.

어느 해 학기말 시험 때였습니다. 빈 강의실에서 공부에 열중하고 있는 학생에게 무슨 과목을 그렇게 열심히 하는지 물었습니다. "교수님 과목이에요, 목회신학이요. 그런데 시험지에 교수님께서 가르쳐주신 대로 답은 쓰겠지만, 목회는 그렇게 안할 겁니다. 이대로 하면 목회 성공 못해요." 그 말을 들으면서 저는 아무런 대구도 할 수 없었습니다. 그저 시험 잘 보라는 인사만 하고 황급히 연구실로 돌아왔습니다. 신학교 교수에게 이토록 자괴감을 주는 말이 또 있을까요. 한동안 멍해서 아무것도 할 수 없었습니다.

신학대학원에 공부하러 온 학생들이 다 이렇지는 않겠지만, 한국교회의 미래를 향한 보이지 않는 책임감이 더욱 가중되었습니다. 대체 '목회 성공'이 뭐길래 아직 신학수업도 다 끝내지 않은 목사후보생의 입에서 이런 말이 쉽게 나오는 걸까요. 도대체 어디서 '목회 성공'이란 것을 배웠을까요. 갑자기 '모방학습'이라는 말이 떠올랐습니다. 그들이 '모방학습'을 받을 수 있는 곳이 어디일까요. 생각이 여기까지 이르자 거대한 벽 하나가 앞을 가로막는 듯한 느낌이 들었습니다.

하나님의 일 '목회'에 세상의 일 '성공'이 결합하자, 마치 악화가 양화를 구축하듯이 성공이 목회를 집어삼켜 버립니다. 그 결과 하나님의 일은 온데간데없어지고 세상의 일만 남게 됩니다. 물론 표면적으로는 하나님의 일인 양 가장하죠. 하지만 실제로는 하나님의 일이 객이 되고 세상의 일이 안방을 차지합니다. 교회 주인의 전치현상이 일어납니다. 예수님이 주인 자리에서 쫓겨나고 사람인 목회자가 주인이 되어버린 것입니다. 바로 여기서 목회자의 '교회 사유화'가 시작됩니다. 목회자의 '목회성공병'과 '교회 사유화'는 한국교회를 죽이는 암적인 존재입니다.

갑자기 엉뚱한 발상 하나가 떠올랐습니다. "혹 예수님이 한국교회에 오셔서 교회를 섬기신다면 어떻게 하실까?" "예수님이 우리 교회 담임목사로 오신다면?" 예수님이 정말 이 땅에 오셔서 건강하고 바른 목회가 어떤 것인지 실제 목회를 통해서 보여주시면 좋겠다는 생각이 머릿속을 떠나지 않았습니다. 아예 한국교회 목회자들을 다 불러놓고 예수님을 초빙해서 어떻게 교회를 돌보고 섬겨야 하는지에 대한 설명회라도 개최하면 좋겠다는 격한 마음까지 생겼습니다.

이 책은 예수님의 정신을 살려 성경과 한국의 지역교회 현실을 접목하려는 목적에서 쓰였습니다. 예수님의 시각과 입장에서 한국교회 안에 독버섯처럼 퍼져 있는 수많은 문제에 대한 실제적인 해결의 원리와 방법들을 제시하고 싶었습니다. 그래서 어느 특정한 지역교회에 담임목사가 새롭게 부임했다고 가정하고 그 목회자의 목회 철학과 신념을 통해서 예수님의 정신을 한국교회 현장에 접목시켜보았습니다. 무엇보다 한국교회의 현장을 지나치게 부정하거나 파괴하지 않으면서도 과감한 개혁을 시도하려는 도전정신을 담는 데 집중했습니다.

어떤 독자들은 이렇게 반문할 수 있습니다. "당신이 예수님의 입장에서 대답하는 내용이 성경 어디를 근거로 하나요?" "예수님께서 그런 지엽적인 물음에까지 대답을 하셔야 하나요?" "이런 질문과 답변들이 교회를 갱신하는 게 아니라 오히려 교회를 더 혼란에 빠뜨릴 염려는 없나요?" 다분히 일리가 있는 반론입니다. 이 책에 나오는 예수님의 대답이 다 성경에 있느냐는 물음은 정곡을 찌르기까지 합니다. 또한 이 책에는 여러분이 생각하시기에 쩨쩨하고 지엽적인 내용이 있을 수도 있습니다.

하지만 달리 생각해보면, 우리가 일상에서 부딪히는 모든 문제에 성경이 일일이 답을 주지는 않습니다. 심지어 교회생활에 대해서도 성경은 모범답안을 제공하지 않습니다. 그런 맥락에서 사도 요한은 예수님이 지상에서 행하신 일이 많지만 복음서에 다 담지는 못했다면서 이렇게 말합니다. "예수께서 행하신 일이 이외에도 많으니 만일 낱낱이 기록된다면 이 세상이라도 이 기록된

책을 두기에 부족할 줄 아노라"(요 21:25).

따라서 개인의 신앙이나 교회에 관한 문제를 다룰 때 우리는 성경에서 문자적인 대답을 찾기 위해 눈에 불을 켜는 것이 아니라 성경 자체의 정신과 원리에 근거하여 답을 찾아야 합니다. 예컨대 요사이 교회 재정의 공개 여부로 구설수에 오른 교회들이 더러 있습니다. 만일 예수님이 그 교회 담임목사님이라면 어떻게 하셨을까요? 재정을 공개하셨을까요? 아니면 거부하셨을까요? 이 문제는 예수님의 대답을 듣기 전에 일반 상식으로 얼마든지 해결할 수 있습니다. 국가 예산이든 기업의 자금이든 모든 단체의 재정은 투명성의 원리를 따라 마땅히 공개되어야 한다는 게 우리 사회의 일반적인 통념이자 상식입니다. 세상에서도 그런데 하물며 교회가 이것을 감추고 거부하는 게 옳은 행동일까요? 예수님은 어떻게 하셨을까요?

복음서를 보면 예수님은 물질에 대한 바른 자세를 유독 더 강조하십니다. 그럼 이런 분이 교회 재정을 공개하라는 교인들의 요구를 거부하셨을까요? 아니면 재정 공개를 끝까지 거부하다가 세상 법정이 공개 명령을 내리면 그제서야 마지못해 공개하셨을까요? 답은 뻔합니다. 우리는 예수님이 하나님 나라의 특별한 계시를 선포하고 실행한 분이시지만 동시에 그분이 일반은총의 지혜와 상식과 양심을 결코 간과하거나 무시한 분이 아니라는 사실을 명심해야 합니다.

이 책의 첫 번째 독자는 한국교회 현장의 최일선에 있는 목회자들이었으면 좋겠습니다. 먼저 목회자들이 우리 개신교의 아픈 속살을 정직하게 대면하고 함께 고민하면서 아파했으면 합니다. 나아가 그동안 관행으로 치부하거나 무관심 속에 방치했던 반칙목회의 흔적들을 원칙목회로 되돌리려는 치열한 몸부림이 있기를 바랍니다. 동시에 한국교회 일반 성도들이 이 책을 읽고 주님의 몸 된 교회를 바로 섬기는 일에 동참할 수 있기를 바랍니다. 교회가 성경적 신앙에 근거하여 바르게 서려면 평신도들의 참여와 협력이 절대적입니다. 그러기 위해서 이제는 평신도들이 교회를 섬기는 데 있어 무조건적인 순종만이 능사가 아님을 알아야 합니다. 사도행전에 보면 베뢰아 교인들은 사도 바울이 전해주는 말씀도 "이것이 그러한가 하여 날마다 성경을 상고했다"(행 17:11)라고 기록하고 있습니다. 부디 한국교회 성도들도 베뢰아 교인들의 사색하고 고민하는 신앙태도를 진지하게 배웠으면 좋겠습니다. 교회생활을 하되 맹목적이고 비이성적으로가 아닌 합리적이고 이성적으로 하기를 바랍니다. 그리하여 교회에서 어떤 일을 처리할 때 신앙 이전에 상식이 먼저 통했으면 좋겠습니다.

그러기 위해서는 목회자들도 깨어 있어야 하지만 평신도들 역시
깨어 있어야 합니다.

이 책은 지난 16년간 총신대학교 신학대학원에서 학생들에게
가르쳤던 수업 내용들을 모아 정리한 것입니다. 책을 출간하는
일이 쉽지 않아 낙심하고 있을 때 새물결플러스를 만났습니다.
그리고 그곳에서 뜻밖의 사람을 만났지요. 바로 새물결플러스 대
표 김요한 목사입니다. 김 목사와의 인연의 시작은 자그마치 23
년 전으로 거슬러 올라갑니다. 필자가 총신신대원에 처음 부임하
여 모든 게 어색하고 서툴렀을 때 김세윤 교수님의 조교로 있던
김 목사는 맞은편 방의 제게도 많은 도움을 준 고마운 제자였습
니다. 복도에서 마주칠 때마다 환하게 웃으며 인사하던 그 전도사
님이 이제는 한 출판사의 대표가 되어 저를 반갑게 맞아주었습니
다. 부족한 스승의 글을 출간해준 사랑하는 제자 김요한 목사에게
깊은 감사를 드립니다.

이 책이 완성되기까지 많은 제자들의 도움이 있었습니다. 고
맙게도 제자들은 자료 정리를 돕는 것은 물론이고, 예리한 비평
을 통해 필자의 생각을 명료하게 다듬어주었습니다. 권 호 교수,
김동연 목사, 김준섭 목사, 오대희 목사, 이돈하 목사, 이상환 목
사, 장재찬 목사, 최영인 목사에게 고마움을 전합니다. 평소 포이

메닉스 연구소를 물심양면으로 후원해주고 이 책의 출간에 사랑과 관심을 아끼지 않은 광주산수교회(임춘수 목사), 높은산샘물교회(김성고 목사), 동백사랑의교회(유정기 목사), 문화촌제일교회(윤삼득 목사), 상계제일교회(이장연 목사), 새로남교회(오정호 목사), 새안양교회(김한욱 목사), 성복중앙교회(길성운 목사), 송원교회(윤상원 목사), 송전교회(권준호 목사), 신반포교회(홍문수 목사), 양평읍교회(심재학 목사), 우리교회(손성원 목사), 진광전원교회(황인철 목사), 평촌평성교회(고성제 목사), 포도나무교회(이동현 목사), 한우리교회(김재영 목사)와 임광남 집사, 임광호 장로에게 또한 깊은 감사를 드립니다.

모쪼록 이 책이 한국교회의 일선 목회자들, 그리고 목회를 준비하는 목사후보생들과 교회 평신도 지도자들과 일반 성도들이 교회를 더욱 바르게 섬기는 일에 작게나마 도움이 되길 바랍니다. 나아가 이런 노력들이 함께 어우러져 언젠가 한국교회가 예수님이 기뻐하시는 교회로 새롭게 거듭나기를 간절히 소망합니다.

2014년 8월

황성철

| 차례 |

# 1장

한국교회를 향한
슬픔

우리가 전능하신 하나님을 신앙하면서 그분을 영화롭게 하기 위한 삶을 살고 또 그분의 몸 된 교회를 섬기는 그리스도인이라면, 아니 그리스도인으로서 기본적인 양심을 가지고 있다면, 작금의 한국교회의 어지러운 형편을 보면서 절대로 침묵하고 있을 수만은 없을 겁니다. 정치·경제·사회·문화적인 무질서와 혼돈은 차치하더라도 교회의 영적 상황은 심각하다 못해 거의 절망적인 지경에 이르렀습니다.

교회가 교회답지 못하다는 비난을 듣고, 목회자들은 세상으로부터 존경은 고사하고 조롱과 비웃음을 사기 십상이며, 어떤 기독교인들은 일반 대중들로부터 비호감을 넘어 외면의 대상이 되어가고 있습니다. 이것이 바로 오늘날 한국교회의 현주소입니다. 이런 비참한 상황은 살아계신 하나님의 교회를 욕되게 할 뿐만 아니라 교회의 머리 되신 그리스도의 명예를 더럽히는 참으로 부끄러운 일입니다. 제 마음을 더욱 아프게 하는 것은 한국교회가 세상으로부터 그렇게 낯 뜨거운 소리를 듣고 손가락질을 받아도 목회자와 교인들이 뼈를 깎는 자기반성을 하기는커녕 "(그들이 이르기를) 여호와께서 우리를 보지 않으시는"(겔 8:12) 양 자위하며 스스로에게 면피를 주는 듯한 모습입니다.

한국교회가 어쩌다 이 지경에 이르렀을까요. 한국교회를 생각할 때마다 2천 년 전 멸망 직전의 예루살렘 성전을 바라보며 "예루살렘아 예루살렘아…암탉이 그 새끼를 날개 아래에 모음같이"(마 23:17)라며 탄식하시던 예수님의 심정이 절절히 이해될 지경입니다. 다만 이러한 상황 속에서도 개혁과 갱신을 도모하려는 '거룩한 노력'들이 들불처럼 전국 방방곡곡으로 번져나가는 데서 한줄기 희망의 빛을 봅니다. 그러나 다른 한편에서는 보이지 않는 힘의 논리로 거룩한 몸부림을 억누르려 하고, 의도적으로 이것을 무시하려는 양심에 화인 맞은 자들의 간교한 훼방도 있습니다.

지금의 한국교회는 다 자란 암 덩어리와 같아서 도대체 무엇을 어디서부터 손대야 할지 모를 정도로 매우 심각한 형편입니다. 이것은 2천 년 전 예수님이 팔레스타인에서 사역을 시작하시면서 맞닥뜨렸던 유대교 종교 지도자들의 완고한 위선이나 외식과 같습니다. 그 당시 종교 지도자들의 태도가 예수님께는 마치 달걀로 바윗덩어리를 깨뜨리려는 것처럼 암담하게 느껴졌을 것입니다. 그러나 예수님은 조금도 굴하지 않으셨고 엄청난 크기의 종교적 암 덩어리를 향하여 분연히 도전하셨으며, 마침내 개선의 깃발을 골고다 언덕에 꽂으셨습니다.

온갖 위선과 외식의 가면을 쓰고 권세를 휘두르던 서기관과 바리새인 암 덩어리들을 향한 예수님의 첫 외침은 "회개하라 천국이 가까이 왔느니라"(마 4:17)였습니다. 그분의 외침은 회개 없이는 천국도 없다는 아주 짧고 간결한 메시지였습니다. 지금 우리들의 모습도 그 당시 유대 종교 지도자들의 모습과 크게 달라 보이지 않습니다. 오히려 어떤 면에서는 더하면 더했지 결코 덜하지 않습니다. 그렇다면 지금 우리에게도 절실하게 필요한 것은 회개입니다. 그렇습니다. 더 늦기 전에 한국교회는 회개해야 합니다. 한국교회의 목회자들은 회개해야 합니다. 한국교회의 교인들은 재를 뒤집어쓰고 하나님 앞에 나아가야 합니다. 요나를 향해 "자는 자여 어찌함이냐?"(욘 1:6)라고 준엄하게 꾸짖으시던 하나님이 오늘 한국교회와 목회자들, 그리고 교인들에게 천둥 같은 소리로 외치십니다. "사망의 잠에서 깨어나라!"(시 13:3)

왜 지금 우리에게는 세례 요한이나 예레미야 같은 선지자가 없을까요? 비근한 예로 교단 총회에서 최고지도자를 선출하는 선거 때마다 검은 돈이 오가는 일을 보고서도 왜 다들 못 본 척합니까? 목회자가 부적절한 행위를 하고 교회 재정을 부정하게 유용해도 왜 교인들은 모르는 척합니까? 목회자가 교회를 자기 소유로 생각하고 마치 기업의 총수처럼 군림해도 왜 교회는 털 깎는 자 앞의 양같이 잠잠하기만 합니까? 한국교회는 왜 이런 불의와 패역한 일들에 맞서 싸우지 못하고 비겁하게 침묵하는 것입니까?

우리는 한국적 서기관과 바리새인들의 행위에 더 이상 침묵하지 말아야 합니다. 불의한 일을 보면 소리치고, 부정한 일을 보면 회개를 촉구하고, 패역한 일을 보면 하나님의 말씀을 가지고 책망해야 합니다. 반성경적인 행위들에 대항하여 한국교회는 과감하고 실제적인 자정 노력을 해야 합니다. 행여 하나님이 이런 자정 행위를 향해서 벌을 내리시지는 않을까 염려하지 말아야 합니다. 하나님은 거룩한 일을 기뻐하시는 분이지 우리가 불의한 일에 가담하거나 방조하는 것을 원하시지 않기 때문입니다. 우리는 세례 요한이 바리새인과 사두개인들을 향해 "독사의 자식들아"(마 3:7)라고 질타했음을 기억해야 합니다.

아! 지금 한국교회는 발람의 메시지에 빠져 있습니다. 그것도 너무 깊이 빠져 있습니다. "좋은 게 좋은 거 아니냐"는 식의 상호 방관주의에 물들어 "피리를 불어도 춤추지 않고 슬피 울어도 가슴을 치지 않는"(마 11:17) 무감각증에 빠져 있습니다. 한국교회 목회자들이여, 그리고 교인들이여! 어찌하여 "귀를 진리에서 돌이켜 허탄한 이야기를 따르는데"(딤후 4:4) 그렇게 열심이십니까? 소경이 되어 소경을 인도하려는 한국교회여! 깊은 잠에서 깨어나십시오!

들릴라의 유혹에 빠져 나실인으로서의 존귀한 본분을 정욕의 신에게 송두리째 바치고도 정신을 못 차리다 치욕적인 최후를 맞았던 삼손의 말로와 같은 아픔이 제발 한국교회를 찾아오지 않기를 눈물로 호소합니다. 새벽이슬 같은 하나님의 사람들은 어디로 다 숨었습니까? 엘리야 시대 때 바알과 아세라에게 무릎 꿇지 않았던 7천의 사람들 같은, 한국교회를 살릴 그리스도인들은 지금 어디 있습니까? 이제 나와야 합니다. 일어나서 빛을 발해야 합니다.

우선 우리 목회자들은 교단 총회와 노회, 연회, 지방회 등에서 더 이상 사람의 눈치를 보거나 비위를 맞추지 않고, 양심에 화인 맞은 파렴치한 이들이 거룩한 교회의 회의석상에 발을 붙이지 못하도록 막아야 합니다. 성경말씀이 가르치는 대로 "가라고 하면 가고 서라고 하면 서는" 하나님만 두려워하는 하나님의 종이 되어야 합니다. 바울은 이렇게 고백했습니다. "이제 내가 사람들에게 좋게 하랴 하나님께 좋게 하랴 사람들에게 기쁨을 구하랴 내가 지금까지 사람들의 기쁨을 구하였다면 그리스도의 종이 아니니라"(갈 1:10).

이제 한국교회는 풍요를 약속하는 바알 신의 권세에서 벗어나야 합니다. 언제부턴가 한국교회는 하나님의 성전이 아니라 바알의 신전과 같은 모습으로 변질되어가고 있습니다. 참으로 개탄스러운 일입니다. 막대한 돈을 들여 화려하고 웅장하게 건축한 서구의 예배당들이 이제 와서는 관광객을 위한 역사적 유물이 된 것을 타산지석으로 삼아야 합니다. 하나님의 영은 그런 곳에 계시지 않습니다. 또한 한국교회는 학연과 지연에서도 자유로워져야 합니다. 우리의 시민권은 하늘에 있습니다(빌 3:20). 명예와 권세에서도 자유로워야 합니다. 우리는 모두 무익한 종임을 결단코 잊지 말아야 합니다(눅 17:10).

세례 요한은 이렇게 고백했습니다. "그는 흥하여야 하겠고 나는 쇠하여야 하리라"(요 3:30). 그런데 오늘 한국교회 목회자들의 태도는 오히려 "우리는 흥하여야 하겠고 교회의 주인이신 예수는 쇠하여야 하리라" 같습니다. 복음서에 분명히 언급되지만 예수님은 먹을 것, 입을 것, 잘 곳도 없으셨습니다. 하지만 한국교회는 너무 잘 먹고, 너무 잘 입고, 너무 잘 자고 있습니다. 라오디게아 교회와 같이 너무 부요해서 탈이 날 지경입니다. "나는 부자라 부요하여 부족한 것이 없다"(계 3:17)라고 합니다. 그러나 저는 이렇게 지적해주고 싶습니다. "네 곤고한 것과 가련한 것과 가난한 것과 눈 먼 것과 벌거벗은 것을 알지 못하는도다"(계 3:17).

진정한 해답은 오직 하나뿐입니다. 바로 회개입니다. 한국교회 안에 니느웨에서 일어났던 것과 같은 회개 운동이 일어나야 합니다. 목사, 장로, 안수집사, 권사, 서리집사, 권찰, 지역장, 구역장, 목장리더, 셀리더, 주일학교 교사, 찬양대원 등 모든 직분자가 회개해야 합니다. 나아가 기독교인 전체가 마음을 찢고 무릎을 꿇고 전능하신 하나님 앞에 엎드려 자복하는 운동이 일어나야 합니다. 특별히 한국교회 지도자들은 느헤미야와 같은 기도를 드려야 합니다. "우리 이스라엘 자손이 주께 범죄한 죄들을 자복하오니 주는 귀를 기울이시며 눈을 여시사 종의 기도를 들으시옵소서 나와 내 아버지의 집이 범죄하여 주를 향하여 크게 악을 행하여 주께서 주의 종 모세에게 명령하신 계명과 율례와 규례를 지키지 아니하였나이다"(느 1:6-7).

그들이 회개했을 때, 하나님은 니느웨 백성에게 구원을 주셨고 또한 느헤미야를 통해서 예루살렘을 회복하셨습니다. 지금 하나님께서 한국교회에 기대하시는 것 역시 회개입니다. 하나님은 통회하는 한국교회, 통회하는 목회자, 통회하는 한국교회 교인들을 기다리십니다. 2천 년 전 예수님은 예루살렘을 향하여 이렇게 울부짖었습니다. "예루살렘아 예루살렘아 선지자들을 죽이고 네게 파송된 자들을 돌로 치는 자여 암탉이 그 새끼를 날개 아래 모음 같이 내가 네 자녀를 모으려 한 일이 몇 번이더냐 그러나 너희가 원하지 아니하였도다"(마 23:37). 우리는 주님의 애타는 부르짖음을 들어야 합니다.

우리에게는 아직도 일말의 희망이 남아 있습니다. 주님께서 성령을 통하여 에베소 교회를 호되게 꾸짖으며 주신 말씀을 듣고 다시 일어난다면 말입니다. "어디서 떨어졌는지를 생각하고 회개하여 처음 행위를 가지라 만일 그리하지 아니하고 회개하지 아니하면 내가 네게 가서 네 촛대를 그 자리에서 옮기리라"(계 2:5). 또한 라오디게아 교회에게 하신 말씀을 기억해야 합니다. "무릇 내가 사랑하는 자를 책망하여 징계하노니 그러므로 네가 열심을 내라 회개하라"(계 3:19).

회개는 성삼위 하나님에 대한 처음 사랑을 회복하는 것입니다. 한국교회는 그 첫사랑을 회복해야 합니다. 한국교회를 섬기는 목회자들은 처음 사랑을 회복해야 합니다. 한국교회 성도들은 처음 사랑을 회복해야 합니다. 우리의 첫사랑의 진원지는 어디입니까? 그곳을 찾아나서야 합니다. 그리고 다시 울어야 합니다. 통곡해야 합니다. 그분의 자비와 긍휼을 구해야 합니다. 그럴 때 그분은 우리에게 이렇게 응답하실 것입니다. "내가 네 기도를 들었고 네 눈물을 보았노라 내가 너를 낫게 하리니"(왕하 20:5).

# 2장

부임예배
설교

| 설교제목: 회개 없이 천국에 들어갈 수 없습니다 |

**성경본문 | 마 4:17**

먼저 귀한 교회를 섬길 수 있는 기회를 주신 하나님께 감사드리며 또한 저를 담임목사로 초청해주신 성도 여러분께 감사드립니다. 여러분과의 첫 만남 자리에서 어떤 말씀을 드려야 우리 교회와 여러분 자신께, 그리고 한국교회에 도움이 될지를 오랜 시간 묵상했습니다. 그 결과 제 마음에 "회개하라 천국이 가까이 왔느니라"라는 말씀을 전하는 것이 좋겠다는 생각이 들었습니다.

이 말씀은 예수님께서 2천 년 전 팔레스타인에서 공적 사역을 시작하시면서 외쳤던 말씀입니다. 사실 어떤 면에서는 오늘 제가 준비한 설교가 부임 첫 설교로는 조금 무겁게 느껴질 수도 있을 것입니다. 하지만 그럼에도 이 말씀을 전해야겠다는 강한 확신이 들었습니다.

왜냐하면 지금 우리 교회와 한국교회가 처한 상황이 모든 면에서 2천 년 전 팔레스타인의 상황과 너무도 유사하기 때문입니다. 2천 년 전 예수님은 사역을 시작하시면서 이 말씀을 전하셨습니다. "회개하라 천국이 가까이 왔느니라."

여러분도 잘 아시다시피 이스라엘 백성은 자신들이 하나님께 선택받은 민족이라는 자부심이 대단했습니다. 하나님을 유일신으로 섬기는 것이 그들의 자랑스러운 민족적 표지였습니다. 그래서 그들은 하루에 세 차례씩 기도했습니다. 또한 1년에 세 차례씩 예루살렘 성전을 찾아 하나님을 경배했습니다. 그러나 이와 같은 그들의 종교적 열성은 일상에서 구체적으로 표현되지 못했습니다. 그들의 신앙은 다분히 외식적이며 위선적이었습니다. 형식화된 그들의 신앙에는 경건의 모양만 있을 뿐 경건의 능력은 좀처럼 찾아보기가 어려웠습니다.

2천 년 전 예수님께서 종교 지도자들과 백성들에게 가장 중점적으로 외쳤던 말씀은 바로 "외식하지 말라"였습니다. '외식'은 무엇보다 자기 자신을 속이는 가증한 죄요, 불꽃 같은 눈으로 우리를 굽어보시는 전능하신 하나님을 만홀히 여기는 죄입니다.

사랑하는 성도 여러분, 여러분의 삶은 어떻습니까? 사람들은 누구나 외식과 위선적인 면을 조금씩 가지고 있습니다.

그러나 그런 말이나 행동이 잘못됐다고는 생각지 않는 경향이 많습니다. 혹시라도 이러한 경향이 우리 개인뿐만 아니라 우리 공동체에도 있지는 않나요? 더 나아가서 한국교회 내에도 편만해 있지는 않나요?

예수님은 "화 있을진저 외식하는 서기관들과 바리새인들이여"(마 23장)라고 종교 지도자들과 백성들을 준엄하게 꾸짖으셨습니다. 그들의 외식과 위선적인 삶은 율법을 자의적으로 해석하는 데서 두드러지게 나타났습니다. 이것은 "누구든지 성전으로 맹세하면 아무 일 없거니와 성전의 금으로 맹세하면 지킬지라"(마 23:16)라는 말씀을 보면 잘 알 수 있습니다.

사랑하는 성도 여러분!
어느 것이 더 큽니까? 성전입니까? 성전의 금입니까?

그들의 잔과 대접의 겉은 깨끗했지만 그 안에는 탐욕과 방탕으로 가득했습니다. 회칠한 무덤과 같이 겉으로는 아름다워 보이지만 그 안에는 각종 더러운 것으로 가득했습니다.

이와 같은 가증한 죄로부터 벗어나는 길은 어디에 있습니까? 그 길은 회개에 있습니다. 회개 외에는 결코 다른 길이 없습니다.

그리스도인이 신앙생활을 할 때 가장 조심해야 하는 것은 외식과 위선입니다. 저는 앞으로 여러분의 형식적인 신앙생활에 깊은 관심을 가지고 지켜보려고 합니다. 이것이 그리스도인들의 삶을 무너뜨리는 무서운 누룩이기 때문입니다. 치명적인 독과 같은 이 누룩의 정체를 직시하고 그것을 깨끗이 닦아내지 않으면 우리의 신앙은 결코 자랄 수 없습니다. 겉으로는 은혜를 받은 듯하지만 바위 위에 떨어진 씨 같아서 뿌리를 내리지 못합니다. 뿌리를 내리지 못하면 씨앗은 자연히 말라버리겠죠. 이처럼 형식적 신앙생활은 신앙의 성숙과 성화에도 아무런 진전을 이루지 못합니다.

사랑하는 성도 여러분, 교회에서 여러분이 맡은 봉사와 섬김이 무엇이든 모든 일에 진실함과 정직함으로 임해주시기를 정중히 부탁드립니다. 사실 여러분이 맡고 있는 직분이 중요한 게 아닙니다. 한 분 한 분의 내면의 신실함과 정직함이 더 중요합니다.

성령님은 외식과 위선적인 삶에는 역사하지 않으십니다. 우리가 성령의 참된 역사를 간절히 바란다면 과감하게 방향을 바꿔 돌아서야 합니다. 그것이 회개입니다. 이 회개만이 우리가 살 길이요 우리가 하나님을 바르게 만나는 길입니다.

예수님은 바리새인들과 서기관들을 향해 '독사의 자식들'이라고 책망했습니다. 그들의 종교적 교만과 권위주의적 대인관계는 대중들에게 위화감을 주었고, 하나님의 말씀을 자기 입맛에 맞게 자의적으로 해석하여 편의주의적 신앙을 합리화하려고 했습니다. 예수님은 그들에게 분노하며, 그것에 대한 가장 강력한 메시지를 선포하셨습니다. 이제 그들이 살 수 있는 길은 오직 회개 외에 다른 길은 없습니다. 그러나 그들은 그 외침을 받아들이지 않았고 결국에는 예수님을 십자가에 못 박았습니다.

다시 말씀드리지만 저는 여러분의 영혼의 목자로서 여러분의 형식적인 신앙생활을 가만히 내버려두고만 있지는 않을 것입니다. 때로는 선지자로서 때로는 제사장으로서 여러분의 신앙을 적극적으로 경계하고 또 권면할 것입니다. 여러분을 언제까지나 어린아이처럼 간주하고 부드러운 젖만 먹이는 유모 역할 같은 목회는 지양할 것입니다. 우리 교회가 더 이상 영적인 신생아들의 수유실이나 또는 유아실이 되도록 방치하지 않을 것입니다.

사랑하는 성도 여러분, 우리는 더 이상 '평안하다 안전하다' 하면서 느긋해할 때가 아닙니다. 제가 분명히 말씀드리건대, "천국이 가까이 오고 있습니다." 우리가 살면서 제아무리 종교 생활을 열 정적으로 잘했어도 마지막에 가서 천국과 아무런 상관없는 사람이 되어서는 안 될 것입니다. 회개와 천국은 항상 같이 가는 것입니다. 회개 없이 천국은 없습니다.

그리고 이 메시지는 우리 교회 안에서만 들려져야 하는 말씀이 아닙니다. 모든 한국교회가 함께 들었으면 좋겠습니다. 그것이 저의 간곡한 심정입니다.

작금의 한국교회는 마치 몇 겹의 페인트칠을 한 모습과 흡사합니다. 오로지 겉으로 예쁘고 화려하게만 보일 심산으로 계속해서 덧칠을 하고 있습니다. 그 결과 교회는 진짜 자신들의 참 모습이 무엇인지 잊어버리고 말았습니다. 이는 마치 라오디게아 교회의 모습과 같습니다. "나는 부자라 부요하여 부족한 것이 없다." 과연 겉으로 볼 때는 그럴 수 있습니다. 표면에 화려해 보이는 것으로 덧칠을 많이 했기 때문입니다. 하지만 요한은 이 교회를 향하여 준엄하게 책망했습니다. "네 곤고한 것과 가련한 것과 가난한 것과 눈 먼 것과 벌거벗은 것을 알지 못하는도다." 이 얼마나 신랄합니까?

더 늦기 전에 한국교회는 회개해야 합니다. 더 늦기 전에 우리 교회는 주님 앞에 엎드려야 합니다. 덧칠을 깨끗이 걷어내야 합니다. 그래서 참 모습이 어떤지를 직시해야 합니다. 지금 한국교회 안에는 복음을 변질시키는 누룩이 사방에 퍼져 있습니다. 그 결과 참 복음은 온데간데없어지고 다른 복음이 그 자리를 차지해버렸습니다. 삼손이 나실인일 때는 하나님의 능력이 나타났습니다. 그러나 삼손이 들릴라를 만나고 난 이후에는 하나님의 능력이 떠났습니다. 머리카락을 잘린 채 두 눈이 뽑혀 사슬에 묶인 삼손의 모습이 지금 한국교회의 모습은 아닌지 우리 모두 정직하게 돌아보았으면 합니다.

또한 한국교회는 처음 사랑을 회복해야 합니다. 오늘날 한국교회의 영적 상황은 초대교회 시절의 에베소 교회와 흡사합니다. 에베소 교회가 신앙의 수고와 인내를 통해서 이단세력들을 용납하지 않은 것은 칭찬받을 일입니다. 그러나 그들은 가장 중요한 처음 사랑을 잃어버렸습니다. 교회가 대형화되어 웅장한 건물을 짓는 것이 무조건 좋은 일이 아닙니다. 그렇게 되면 처음의 순전한 모습이 지워집니다. 목회자가 유명해져서 교회 이름이 많은 사람들에게 알려지는 것은 더 안 좋습니다. 그렇게 되면 하나님의 이름이 가려지기 때문입니다. 처음 사랑을 잃어버리면 모든 것을 잃어버린 것과 같습니다. 한국교회의 현재 상황이 바로 이렇습니다.

우리는 왜 교회가 일반 대중들로부터 외면당하고 있는지 생각해 보아야 합니다. 지금 한국교회에 유명한 설교자가 없습니까? 크고 웅장한 예배당이 모자랍니까? 해외에 파송한 선교사 숫자가 부족합니까? 문제의 본질은 다른 데 있습니다. 문제는 우리가 지금 중병에 걸렸다고 소리치는 사람이 없다는 데 있습니다. 한국교회 발병의 원인이 무엇인지를 지적하는 목회자는 드문드문 있습니다. 하지만 근본적으로 병을 치유할 방법에 대해서 외치는 목회자는 거의 없는 것 같습니다. 한국교회의 중병을 치유할 근본 방법은 '회개' 외에는 없습니다. 하나님께로 과감히 돌이키는 것 외에는 다른 길이 없습니다.

한국교회는 회개해야 합니다. 소금과 빛의 역할을 다하지 못한 것을 회개해야 합니다. 성공병에 탐닉된 목회자들과 교회들은 회개해야 합니다. 인격적으로 신실하지 못해서 존경받지 못하는 목회자들은 회개해야 합니다. 기업으로 변질된 교회의 대형화를 회개해야 합니다. 경쟁적으로 교회당을 건축하고, 교회당 건축에 목을 맨 결과 발생한 천문학적인 대출이자를 회개해야 합니다. 무리한 건축으로 인한 도산을 회개해야 합니다. 이러한 목회자를 양산하는 신학교의 난립을 회개해야 합니다.

물론 한국교회 안에 여전히 복음이라고 불리는 것이 남아 있습니다. 그러나 많은 경우 순전한 복음이 아닌 변질된 다른 복음이 외쳐지고 있습니다. 우리는 지금 영적으로 대단히 혼란스러운 시대에 살고 있습니다. 교인들도 많고 교회도 많고 목회자도 많고 신학교도 많습니다. 그런데 정작 이 모든 것에 가장 중요한 처음 사랑이 없습니다. 그렇기 때문에 저는 처음 사랑을 회복하자고 외치는 것입니다. 우리가 어디서 떨어졌는지를 깨닫고 회개해야 합니다.

사랑하는 성도 여러분, 우리 모두 회개하는 일에 결코 게으르지 않기를 바랍니다. 회개 없이는 천국도 없다는 사실을 늘 명심하시기를 바랍니다. 정말 천국이 가까이 오고 있음을 깨닫고 깨어 준비하는 그리스도인이 되시기를 바랍니다.

저는 이제 막 부임했기 때문에 아직 교회와 여러분의 사정 전반에 대해서 세세히 잘 알지 못합니다. 하지만 그럼에도 한 가지 분명하게 말씀드리고 싶은 것은 우리 모두가 '순전한 믿음'을 회복해야 한다는 것입니다. 우리 교회는 지난 10여 년 동안 교회 내분으로 성경이 약속한 참 평안이 무엇인지를 잊어버리고 지냈습니다. 그 와중에 많은 성도님들께서 교회를 떠났다고 들었습니다. 갈라디아 교회를 향하여 바울은 이렇게 외쳤습니다. "다른 복음은 없나니"(갈 1:7). 사도 바울을 본받아 이제 우리들도 믿음의 핵심인 '복음'에 관해서 다시 한 번 살펴볼 필요가 있습니다. 내가 혹시 그동안 '다른 복음'을 믿고 따랐던 것은 아닌지 성찰해야 합니다. 만일 우리가 '순전한 복음'을 믿고 따른다면 우리 안에 결코 시기와 분쟁, 위선과 가식, 권위와 군림, 교만과 무정함이 자리할 수 없을 것입니다.

저는 이 교회의 담임목사로서 성도 여러분과 우리 교회를 최선을 다해서 섬길 것입니다. 우리 교회를 출석하는 성도들 가운데 단 한 분도 '가까이 오고 있는' 천국 문 앞에 서는 일에 실패하는 성도가 없도록 목양할 것입니다. 저의 목회의 우선순위는 언제나 여러분입니다. 여러분이 '회개에 합당한 열매'를 맺어서 먼저 지금 이곳에서 지상천국을 경험하도록 하겠습니다. 나아가 우리 모두 영원한 천국에서 기쁨의 그날을 다 함께 약속의 유업으로 누릴 수 있도록 목회할 것입니다.

3장

목회철학
소개

이번에는 제가 담임목사로서 어떤 생각으로 교회를 섬기고 돌보려고 하는지에 관해 말씀드리겠습니다. 저는 교회를 섬기고 돌보는 일은 그 자체가 무한 책임이 주어지는 거룩한 소명이라고 생각합니다. 이것은 절대적인 헌신과 희생이 있어야만 감당할 수 있는 사역이기에 성경은 이의 수행을 위해 충성할 것을 요구하고 있습니다. 저는 다음의 성경 구절을 인용함으로써 우리 교회를 향한 담임목사로서의 저의 진솔한 마음을 대신하려고 합니다. "사람이 마땅히 우리를 그리스도의 일꾼이요 하나님의 비밀을 맡은 자로 여길지어다 그리고 맡은 자들에게 구할 것은 충성이니라"(고전 4:1-2).

비록 외형적으로는 통상적인 청빙 과정을 통해 부임했지만, 근본적으로 이 교회의 주인 되시는 하나님께서 제게 직접 교회를 섬기고 돌보는 막중한 책임을 부여해주신 것으로 생각하고 있습니다. 그렇기에 저는 이 교회의 담임목사로서 교회의 주인 되시는 하나님의 뜻을 잘 살피고 분별해서 그분의 뜻을 교회를 통하여 실현시키는 데 충성을 다할 것입니다.

이제 제가 설명드리는 목회에 대한 생각들은, 교회와의 관계 속에서 목사가 어떤 사람이어야 하며, 목사가 교회를 섬기고 돌보는 책임의 본질이 무엇인지에 대해 제가 성경을 통해 이해한 것들입니다.

'목회'라는 말을 생각하면, 저는 요한복음 21장에 나오는 예수님께서 베드로에게 하신 "내 어린 양을 먹이라", "내 양을 치라", "내 양을 먹이라"라는 말씀이 가장 먼저 떠오릅니다. 예수님께서 베드로에게 양을 '먹이'고 '치라'고 하신 말씀의 의미는 양을 '섬기고' '돌보라'는 뜻이었습니다. 이것이 제 목회의 핵심입니다. 이 말씀 안에 목회자로서 저의 존재의의와 사명이 들어 있습니다.

목회의 본질을 설명드리기 전에 먼저 목회 현장인 교회를 제가 어떻게 이해하고 있는지를 말씀드리겠습니다. 목사가 이해하는 교회의 본질에 따라서 그 목사가 추구하는 목회 사역의 성격이 결정되기 때문입니다. 교회에 대한 목사의 이해는 그 목사가 수행하는 목회의 열쇠와 같습니다. 그러므로 저는 여러분에게 교회에 대한 저의 견해를 분명하게 말씀드리고 싶습니다.

주지하듯이 교회는 전적으로 하나님의 것입니다. 모든 교회의 주인은 성부 하나님이십니다. 물론 우리 교회의 주인도 성부 하나님이십니다. 목사가 땀 흘려 교회를 개척했든 어떤 유력한 성도가 세웠든 간에 교회는 모두 하나님의 것입니다. 그런데 오늘날

이 점에 대해 일선 목회자들 사이에서 혼란이 많아 보입니다. 간혹 어떤 목회자들은 "내가 가진 재산 다 바쳐서 교회를 세우고 지금까지 숱한 난관을 극복해가면서 교회를 키워왔는데 왜 이 교회가 내 교회가 아니란 말인가?"라고 반문하고 싶을지도 모릅니다. 실제로 그런 이유로 교회의 주인 행세를 하는 목회자도 있습니다. 그러나 목회자들은 모든 교회가 오로지 성부 하나님의 것이라는 성경적 가르침을 절대 잊지 말아야 합니다.

교회가 하나님의 것이라는 사상의 기원은 구약성경의 하나님께서 아브라함을 부르신 사건으로부터 시작됩니다. 하나님께서는 아브라함에게 "너는 너의 고향과 친척과 아버지의 집을 떠나 내가 네게 보여줄 땅으로 가라 내가 너로 큰 민족을 이루고 네게 복을 주어 네 이름을 창대하게 하리니 너는 복이 될지라"(창 12:1-2)라고 명령하셨습니다. 아브라함은 이 명령에 즉각 복종하였고, 이로 인해 아브라함과 그의 후손인 이스라엘은 하나님의 택함을 받은 공동체가 되었습니다. 하나님의 택한 백성으로서의 이스라엘의 공동체 개념이 바로 교회의 기원입니다.

이 개념은 신약성경에서도 연속성을 유지하고 있습니다. 신약성경에서 교회를 묘사하는 많은 상징 가운데 대표적인 것은 교회가 '그리스도의 몸'이고 또한 그리스도께서 '교회의 머리'라는 개념입니다(롬 7:4; 고전 10:16; 고전 12:27; 엡 4:12; 히 10:10). 그리스도와 교회의 관계가 머리와 몸의 관계와 같다는 것은 교회의 주인이 예수 그리스도라는 의미입니다. 예수 그리스도는 교회를 다스리는 분이시고 교회는 그분의 통치와 지도를 따르는 공동체입니다. 따라서 이 개념은 구약성경에 나오는 이스라엘이 하나님의 것이라는 생각을 보다 구체화한 것입니다.

한편 교회가 하나님의 것이고 그 교회가 바로 목사가 사역을 수행해야 하는 곳이라면, 목사의 사역은 사람의 일이 아닌 하나님의 일의 일부가 됩니다. 그러므로 목회는 단순히 먹고 살기 위한 방편으로서의 직업이 아닙니다. 목회란 직업 이상의 그 무엇입니다. 그것은 하나님의 특별한 부르심입니다. 그렇기 때문에 목사는 교회를 위해서 무조건적인 섬김과 희생을 쏟아낼 수 있는 것입니다. 제가 이 교회에 담임목사로 부임한 것도 저 자신의 개인적인 감정이나 동기에 의해서 시작되거나 교회의 질서상 최종 권위를 지닌 어떤 사람(교단 지도자)에 의해서 주어진 것이 아니라고 믿습니다. 제가 여기 오게 된 것은 근본적으로 성부 하나님의 놀라운 부르심의 은혜의 결과입니다.

그러면 제가 담임목사로서 어떤 사람이 되어야 하고 또한 교회를 어떻게 섬기고 돌볼 것인지에 대해 성경을 근거해서 구체적으로 말씀드리겠습니다. 사실 성경 66권의 모든 내용이 목회에 관한 교훈이라고 해도 과언이 아니지만 그중에서도 가장 대표적인 말씀인 구약 에스겔 34장과 신약 요한복음 10장을 중심으로 해서 말씀드리겠습니다.

조금 번거롭더라도 에스겔 34:1-31의 말씀과 요한복음 10:1-
18의 말씀을 다 같이 읽은 후에 두 성경의 말씀을 종합해서 목회
에 대한 제 생각을 간단히 설명드리겠습니다.

| 에스겔 34:1-31 |

"인자야 너는 이스라엘 목자들에게 예언하라 그들 곧 목자들에게 예
언하여 이르기를 주 여호와께서 이같이 말씀하시되 자기만 먹는 이
스라엘 목자들은 화 있을진저 목자들이 양 떼를 먹이는 것이 마땅하
지 아니하냐 너희가 살진 양을 잡아 그 기름을 먹으며 그 털을 입되
양 떼는 먹이지 아니하는도다"(2-3절).

"너희가 그 연약한 자를 강하게 아니하며 병든 자를 고치지 아니하
며 상한 자를 싸매 주지 아니하며 쫓기는 자를 돌아오게 하지 아니
하며 잃어버린 자를 찾지 아니하고 다만 포악으로 그것들을 다스렸
도다"(4절).

"목자가 없으므로 그것들이 흩어지고 흩어져서 모든 들짐승의 밥이
되었도다 내 양 떼가 모든 산과 높은 멧부리에마다 유리되었고 내
양 떼가 온 지면에 흩어졌으되 찾고 찾는 자가 없었도다 그러므로
목자들아 여호와의 말씀을 들을지어다 주 여호와의 말씀에 내가 나

의 삶을 두고 맹세하노라 내 양 떼가 노략거리가 되고 모든 들짐승의 밥이 된 것은 목자가 없기 때문이라 내 목자들이 내 양을 찾지 아니하고 자기만 먹이고 내 양 떼를 먹이지 아니하였도다"(5-8절).

"주 여호와께서 이같이 말씀하시되 내가 목자들을 대적하여 내 양 떼를 그들의 손에서 찾으리니 목자들이 양을 먹이지 못할 뿐 아니라 그들이 다시는 자기도 먹이지 못할지라 내가 내 양을 그들의 입에서 건져내어서 다시는 그 먹이가 되지 아니하게 하리라"(10절).

"내가 친히 내 양의 목자가 되어 그것들을 누워 있게 할지라 주 여호와의 말씀이니라 그 잃어버린 자를 내가 찾으며 쫓기는 자를 내가 돌아오게 하며 상한 자를 내가 싸매 주며 병든 자를 내가 강하게 하려니와 살진 자와 강한 자는 내가 없애고 정의대로 그것들을 먹이리라"(15-16절).

"주 여호와께서 이같이 말씀하셨느니라 나의 양 떼 너희여 내가 양과 양 사이와 숫양과 숫염소 사이에서 심판하노라 너희가 좋은 꼴을 먹는 것을 작은 일로 여기느냐 어찌하여 남은 꼴을 발로 밟았느냐 너희가 맑은 물을 마시는 것을 작은 일로 여기느냐 어찌하여 남은 물을 발로 더럽혔느냐 나의 양은 너희 발로 밟은 것을 먹으며 너희 발로 더럽힌 것을 마시는도다 하셨느니라 그러므로 주 여호와께서 그들에게 이같이 말씀하시되 나 곧 내가 살진 양과 파리한 양 사이에서 심판하리라 너희가 옆구리와 어깨로 밀어뜨리고 모든 병든 자를 뿔로 받아 무리를 밖으로 흩어지게 하는도다 그러므로 내가 내 양 떼를 구원하여 그들로 다시는 노략거리가 되지 아니하게 하고 양과 양 사이에 심판하리라"(17-22절).

"내가 한 목자를 그들 위에 세워 먹이게 하리니 그는 내 종 다윗이라 그가 그들을 먹이고 그들의 목자가 될지라 나 여호와는 그들의 하나님이 되고 내 종 다윗은 그들 중에 왕이 되리라 나 여호와의 말이니라"(23-24절).

"내가 또 그들과 화평의 언약을 맺고 악한 짐승을 그 땅에서 그치게 하리니 그들이 빈 들에 평안히 거하며 수풀 가운데에서 잘지라 내가 그들에게 복을 내리고 내 산 사방에 복을 내리며 때를 따라 소낙비를 내리되 복된 소낙비를 내리리라 그리한즉 밭에 나무가 열매를 맺으며 땅이 그 소산을 내리니 그들이 그 땅에서 평안할지라 내가 그들의 멍에의 나무를 꺾고 그들을 종으로 삼은 자의 손에서 그들을 건져낸 후에 내가 여호와인 줄을 그들이 알겠고 그들이 다시는 이방의 노략거리가 되지 아니하며 땅의 짐승들에게 잡아먹히지도 아니하고 평안히 거주하리니 놀랠 사람이 없으리라 내가 그들을 위하여 파종할 좋은 땅을 일으키리니 그들이 다시는 그 땅에서 기근으로 멸

망하지 아니할지며 다시는 여러 나라의 수치를 받지 아니할지라 그
들이 내가 여호와 그들의 하나님이며 그들과 함께 있는 줄을 알고
그들 곧 이스라엘 족속이 내 백성인 줄 알리라 주 여호와의 말씀이
라"(25-30절).


| 요한복음 10:1-18 |

"내가 진실로 진실로 너희에게 이르노니 문을 통하여 양의 우리에
들어가지 아니하고 다른 데로 넘어가는 자는 절도며 강도요 문으로
들어가는 이는 양의 목자라"(1-2절).

"문지기는 그를 위하여 문을 열고 양은 그의 음성을 듣나니 그가 자
기 양의 이름을 각각 불러 인도하여 내느니라 자기 양을 다 내놓은
후에 앞서 가면 양들이 그의 음성을 아는 고로 따라오되 타인의 음
성은 알지 못하는 고로 타인을 따르지 아니하고 도리어 도망하느니
라"(3-5절).

"내가 문이니 누구든지 나로 말미암아 들어가면 구원을 받고 또는
들어가며 나오며 꼴을 얻으리라"(9절).

"…내가 온 것은 양으로 생명을 얻게 하고 더 풍성히 얻게 하려는 것

이라"(10절).

"나는 선한 목자라 선한 목자는 양들을 위하여 목숨을 버리거니와 삯꾼은 목자가 아니요 양도 제 양이 아니라 이리가 오는 것을 보면 양을 버리고 달아나나니 이리가 양을 물어 가고 또 헤치느니라 달아나는 것은 그가 삯꾼인 까닭에 양을 돌보지 아니함이나 나는 선한 목자라 나는 내 양을 알고 양도 나를 아는 것이 아버지께서 나를 아시고 내가 아버지를 아는 것 같으니 나는 양을 위하여 목숨을 버리노라"(11-15절).

"또 이 우리에 들지 아니한 다른 양들이 내게 있어 내가 인도하여야 할 터이니 그들도 내 음성을 듣고 한 무리가 되어 한 목자에게 있으리라"(16절).

이제 함께 읽은 말씀에 근거해서 제가 생각하는 목회철학 여덟 가지를 말씀드리겠습니다.

첫째, 저는 앞으로 여러분에게 신령한 영의 양식을 풍성히 공급해드릴 수 있도록 최선을 다하겠습니다(겔 34:1-3; 요 10:10). 우리는 에스겔 34:1-3과 5-8절에서 성부 하나님께서 이스라엘 목자들을 호되게 꾸짖으시는 것을 보았습니다. 목자들이 양들은 먹이지 않고 자신들만 먹었기 때문이었습니다. 저는 목회가 교인들을 신령한 양식으로 먹이는 일이지 교인들이 목회자를 육의 양식으로 먹이는 일이 아님을 결코 잊지 않을 것입니다.

목회가 저의 삶을 유지보존해주는 생존의 도구가 아님을 명심하고 또 명심하겠습니다. 풍성한 꼴로 양을 먹이는 일이 목회에서 최우선 순위가 되어야 한다는 사실을 분명히 하고 교회를 섬기는 모든 사역자들에게 이 점을 지속적으로 교육시키겠습니다.

목회에서 이런 가치의 전도 현상이 일어날 때 목회가 직업으로 변질되고 목사는 삯꾼으로 전락할 수밖에 없습니다. 목회가 하나의 직업으로 간주되는 순간부터 복음의 순수성이 흐려지고, 교회가 교회로서의 생명력을 잃게 된다는 사실을 늘 마음에 두겠습니다. 교회를 섬기는 데 이러한 우선순위를 신실하게 지킴으로써 선한 목자로서의 정체성을 잃지 않겠습니다.

저는 여러분에게 신령한 양식을 풍성하게 공급하기 위해서 저 자신부터 먼저 은혜와 말씀이 충만한 목회자가 되도록 힘쓸 것입니다. '나의 잔이 넘칠 때' 여러분에게 풍성한 양식을 공급해줄 수 있고, 이로 인해 여러분이 영적으로 풍성해지면 자연스럽게 그 풍성함이 가정으로 또 직장으로, 우리 교회가 있는 지역으로 흘러들어갈 줄로 믿습니다. 그리고 이것이 교회의 생명력이 살아 있는 표징이라고 생각합니다.

둘째, 저는 교인 한 분 한 분을 중단 없는 관심으로 정성껏 보살피겠습니다(겔 34:4, 11-16; 요 10:3-5). 에스겔 34:4과 11-16절은 목자가 양을 먹인다는 것이 구체적으로 무엇을 뜻하는지를 상세히 설명하고 있습니다. 목자가 양을 먹인다는 것은 양에게 그냥 꼴만 던져주는 것이 아닙니다. 양이 약해지면 강하게 하고, 병들면 고쳐주고, 다치면 싸매어주고, 쫓기면 돌아오게 하고, 길을 잃으면 찾아오고, 성하면 그 성한 것이 계속 유지되도록 보살피는 것입니다. 저도 이 말씀을 따라 교인 한 사람 한 사람의 형편을 잘 살펴서 각자의 사정에 알맞게 목양하겠습니다.

모든 사람은 성품이나 기질과 처한 환경이 각각 다르기 때문에 목양의 필요도 저마다 다를 것입니다. 저는 가급적 여러분에게 꼭 필요한 맞춤형 돌봄 사역을 하려고 합니다. 물론 담임목사로서 제가 교회에서 해야 할 일이 많을 줄 압니다. 하지만 무엇보다도 제가 힘써야 할 일은 여러분 한 사람 한 사람에게 마음을 쓰는 일이라고 생각하고, 여러분에게 필요한 것이 무엇인지를 잘 살펴서 적합한 섬김과 돌봄을 베풀도록 노력할 것입니다.

요한복음 10:3-5에 보면 목자가 양의 이름을 부르고 양들은 목자의 음성을 알아듣는다는 말씀이 나옵니다. 우리는 이 말씀에서 목자와 양이 종(種)을 뛰어넘는 초월적 관계로 묶여 있음을 봅니다. 종(種)이 다른 목자와 양이 대화를 통해 친밀감을 느끼는 것은 참으로 신비한 일입니다. 그런데 이것이 실제 가능하다는 증언이 있습니다.

H. V. 모튼은 목동이 양에게 말을 거는 모습을 다음과 같이 묘

주님, 어떻게 목회할까요?

사합니다(Morton, Henry Vollam, *Travels in Palestine and Syria* [London: Methuen, 1994]).

목자는 이따금 노래를 부르는 것 같은 소리로 지금까지 한 번도 들어본 적 없는 기묘한 언어로 양들에게 말을 건네고 있었다. 내가 이러한 양의 말을 처음으로 들은 것은 여리고 후면의 언덕에서였다. 한 무리의 산양 떼가 계곡을 타고 내려와 반대편 언덕의 경사진 곳을 오르고 있었다. 목자가 뒤돌아보니 양들이 걸음을 멈추고 잘 자란 작은 나무 열매를 열심히 뜯고 있는 것이 보였다. 그는 소리 높여 무엇인가 양에게 말을 했는데 그 말은 흡사 목신이 헬라의 여러 산에서 불렀다는 피리소리와 같은 것이었다. 그 소리는 인간의 것이라고는 생각할 수 없는 것이어서 매우 신비롭고도 이상한 느낌이 들었다.

그 말은 어떠한 음조를 가진 동물적인 부르짖음이었다. 목자의 말이 끝나자마자 이에 응답하는 "메-" 하는 소리가 한 무리로부터 들리고 한두 마리가 머리를 들어 그가 있는 곳을 보았던 것이다. 그러나 산양들은 그를 따르지 않았다. 목자는 웃는 듯한 울음소리를 냄으로 한 가지 신호를 보냈다. 그러자 즉시 목에 방울을 달고 있던 한 마리의 산양이 풀 뜯는 것을 그치고 무리를 떠나 반대편 언덕으로 올라갔다. 목동은 이 산양을 맞이하고는 걸음을 계속해서 암초를 돌아서 사라지고 말았다. 얼마 되지 않아 무리는 당황하기 시작했다. 산양들은 풀을 뜯는 것을 잊었다. 그들은 자기들의 목자를 찾아

50

올려다보았지만 그의 모습은 보이지 않았다. 목에 방울을 단 리더가 그들과 함께 있지 않자 산양들은 불안해지기 시작했다. 멀리서부터 목자의 웃는 듯한 기묘한 한 소리가 들려왔다. 그러자 그 목소리에 무리 전체가 우르르 분지 쪽으로 몰려와서 그 목자를 따라 언덕을 기어올랐다.

모튼은 계속해서 베들레헴 근교의 동굴에서 보았던 광경을 이렇게 서술하고 있습니다.

두 사람의 목자가 그날 밤 그 동굴을 양 떼들의 대피소로 사용하고 있었다. 그 두 사람은 어떻게 자기의 양 떼를 분간할 수 있었을까? 한 사람의 양치기가 자기 양만이 알고 있는 특별한 소리를 내자 그의 무리 전체가 그에게로 달려갔다. 양들이 그의 목소리를 알고 있었기 때문이다. 양들은 다른 사람에게는 결코 가지 않는다. 자기의 목자가 부르는 소리를 잘 분간해 알고 있기 때문이다.

목자의 삶과 자세에 대한 이런 묘사는 오늘날 교회에서 목회자들이 양으로 묘사되는 교인들 한 사람 한 사람을 어떤 자세로 대해야 하는지를 생각하게 합니다. 양들은 목자의 음성을 듣고 아는 데서 끝나지 않고 목자를 따릅니다. 이것은 목자에 대한 양들의 전폭적인 신뢰를 보여줍니다. 오늘날 교회에서 목사와 교인들 사이에 가장 중요한 과제는 신뢰감 형성입니다. 그러기 위해서는 먼저 목회자들이 양들을 대하는 태도가 변해야 합니다. 저는 여러분 한 사람 한 사람의 영혼을 천하보다 귀히 여기는 마음으로 사랑과 정성을 기울여서 목양하려고 합니다. 물론 이런 목회방식이 교회에 큰 양적 부흥을 일으키지는 못할 수도 있습니다. 그러나 우리 교회는 한 영혼을 귀히 여기고 그것에 만족할 줄 아는 교회로 세워나갈 것입니다. 왜냐하면 그런 사역이 바로 하나님의 방식이기 때문입니다.

요한복음 10:4에 나오는 "자기 양을 다 내놓은 후에 앞서 가면"이란 말씀은 목자가 양 무리의 선두에 서서 앞에 위험 요소가 있는지 없는지를 살폈다는 의미입니다. 이것은 당시 목자가 갖추어야 할 가장 중요한 자격요건이었는데 저 역시 이런 마음과 태도로 여러분을 섬길 것입니다.

또한 "다 내놓은 후에"라는 말에서 양 한 마리도 소홀히 여기지 않음을 볼 수 있습니다. 저 역시 한 사람의 교인도 가볍게 여기지 않을 것입니다. 어떠한 경우에도 교인들에게 "이 교회가 마음에 들지 않으면 떠나도 좋다"라는 식의 말을 내뱉지 않겠습니다. 그런 권한이 제게 없음을 잘 알고 있기 때문입니다. 저는 다만 주님께서 맡겨주신 양들을 성심껏 섬기고 돌보는 일에 부름을 받은 목자이지, 목자장이 아니라는 사실을 명심 또 명심하면서 사역하겠습니다.

담임목사로서 제가 약속드릴 수 있는 것 또 한 가지는 교인들을 결코 차별하지 않겠다는 것입니다. 학벌의 좋고 나쁨, 사회적 지위의 높고 낮음, 재산의 많고 적음, 그리고 다른 어떤 세상 기준으로 교인들을 구별하는 일은 절대로 없을 것입니다. 야고보서 2:1-6의 말씀에서 지적하는 일들이 우리 교회 안에서 일어나지 않도록 저 자신뿐만 아니라 교회의 부교역자들에게도 철저하게 주지시키겠습니다.

셋째, 저는 여러분이 평안한 삶을 누리도록 최선을 다할 것입니다(겔 34:23-31). 에스겔 34장의 마지막 아홉 절은 이상적인 새 목자가 하나님의 이끄심을 받아 양 된 이스라엘 백성을 잘 보살 필 때 그 초장이 얼마나 아름다운지를 보여주고 있습니다. 자유와 안전과 평화, 넉넉한 수확이 그것입니다. 이럴 때에 양들의 삶에는 기쁨과 감사가 충만하고 하나님을 하나님으로 인정하고 높인다고 합니다.

목회는 양면성을 가지고 있습니다. 하나는 교인들이 교회생활을 통해서 영적으로 풍성한 삶을 누리는 것이고, 다른 하나는 교회의 주인 되시는 하나님께서 그런 교인들의 삶을 통해서 영광을 받으시는 것입니다. 이 두 측면이 조화를 이룰 때 교인들은 교회생활을 통해서 천국의 삶을 경험할 수 있습니다. 저는 여러분이 우리 교회에서 천국을 경험할 수 있게 아름다운 목회를 이룰 것이며, 이 교회가 천국의 지상 모형이 되도록 힘쓸 것입니다.

그러므로 제 목회의 궁극적 목표는 교회의 양적인 부흥과 성장이 아닙니다. 여러분 한 사람 한 사람이 영적으로 더욱 풍성한 삶을 누리는 것, 그래서 하나님을 하나님으로 높이는 공동체를 이루는 것, 이것이 바로 제가 지향하는 목회입니다. 제 목회에서 목표전치현상이 발생하지 않도록 노력하겠습니다. 만에 하나 그런 일이 발생한다면 저의 목회생명은 수명을 다하고 결국에는 교회가 하나의 기업과 같은 모습으로 변모하리라는 사실을 잘 알고 있습니다. 이것이 교회를 섬기는 데 가장 주의해야 할 목회의 세속화요 타락상이라고 생각하고 항상 조심하겠습니다.

넷째, 담임목사로서 저는 정도(正道)를 따라 여러분을 섬기겠습니다(요 10:1-2). 요한복음 10:1-2에 따르면, 목자와 양과의 관계정립에서 중요한 것은 목자가 문으로 들어왔느냐 아니면 다른 데로 넘어 들어왔느냐입니다. 만일 목자가 문으로 들어오지 않았다면 그는 참 목자가 아닌 가짜 목자입니다. 여기서 비유적으로 말하고 있는 '문'은 바로 목자장 되시는 예수 그리스도를 지칭합니다.

이것은 목회자가 자기 멋대로 법과 규칙을 정해서 목양을 하는 것이 아니라 목자장이 정하신 그 길을 따라서 행하는 것을 의미합니다. 그러기 위해서 우선적으로 목회자는 신앙고백이 분명해야 합니다. 그분으로부터 부르심을 받았다는 분명한 확신을 가져야 한다는 말입니다.

본문은 아주 중요한 사실을 언급하고 있습니다. 다른 데를 통해서 들어온 목회자들이 있다는 것입니다. 즉 불순한 동기를 가지고 목회하는 경우입니다. 이런 목회자들은 마음속에 절도와 강도 성향을 감춘 채 궁극적으로는 교회와 교인들을 이용해 자신의 이익과 명예를 추구하려는 자들입니다. 이들은 양을 살리고 먹이는 것보다 양을 이용해 자기 삶을 유지하는 데 관심이 더 많습니다. 이런 자들은 무늬만 목사지 실제로는 목사가 아닙니다. 이들은 목자장의 부르심을 받지 못한 자들입니다. 그래서 목자장의 이익보다는 자기 자신의 이익을 위해서 목회를 이용하는 자들입니다. 결국 이런 자들은 목회를 통해 하나님의 교회를 세우기보다는 자기 왕국을 세우는 데 심혈을 기울입니다. 성경은 이런 자들을 가리켜 삯꾼이라고 부릅니다.

앞서도 말씀드린 대로 저는 진실과 성실, 그리고 정직으로 최선을 다해 여러분을 섬기고 돌볼 것입니다. 저는 여러분의 입에서 "우리 목사님은 참 목사님이셔"라는 말을 들을 수 있도록 섬김과 희생을 아끼지 않을 것입니다.

다섯째, 저는 여러분과 교회를 위한 희생을 아끼지 않겠습니다(요 10:11-15). 목자 가운데는 선한 목자와 악한 목자, 성실한 목자와 불성실한 목자가 있습니다. 성경 시대 팔레스타인 지방의 목자들에게는 양의 안위에 대한 무한 책임이 부과되었다고 합니다. 만일 양에게 어떤 불미스러운 일이 생기면 그것이 목자의 과실 때문이 아님을 증명해야 했습니다. 율법에 "만일 찢겼으면 그것을 가져다가 증언할 것이요 그 찢긴 것에 대하여 배상하지 아니할지니라"(출 22:13)라고 규정하고 있듯이, 목자는 양이 불가항력적인 요인에 의해서 상해를 입었음을 증명할 수 있는 증거물을 가지고 돌아와야 했습니다.

예수님 시대의 목자들이 양들의 신변을 위해서라면 목숨까지도 내놓았던 것처럼, 저도 여러분과 교회를 위해서 생명을 바쳐 헌신하고 희생할 것입니다. 목자들이 양의 상해에 대해 자신들에게 죄가 없음을 증명해야 했듯이, 저는 여러분이 영적으로 시험에 들거나 실족했을 때 그것에 대해 하나님 앞에 죄 없음(책임 없음)을 증명하려고 노력할 것입니다. 만에 하나 목사인 제게 실망하거나 불만이 쌓여, 또는 섭섭함 때문에 교회를 등지고 떠나는 교인들이 있을 때, 저는 주님 앞에 죄 없음(책임 없음)을 증명해야 한다는 것을 늘 가슴에 새기고 실제로 그런 일이 일어나지 않도록 조심하겠습니다.

저는 "누구든지 나를 믿는 이 소자 중 하나를 실족케 하면 차라리 연자 맷돌을 그 목에 달리우고 깊은 바다에 빠뜨리우는 것이 나으니라"(마 18:6), 또한 "내 형제들아 너희는 선생 된 우리가 더 큰 심판 받을 줄을 알고 많이 선생이 되지 말라"(약 3:1)라고 경고하신 말씀을 늘 기억하겠습니다. 교인들을 위한 희생은 고사하고 그들을 실족시키는 목회자는 마치 목자가 양들을 우리 밖으

56

로 쫓아내는 것과 같음을 잘 알고 있습니다. 이런 목회자는 선한 목자가 아니라는 것을 마음에 깊이 새기겠습니다.

한편으로 팔레스타인의 목자들은 영유아기 시절부터 양 떼들과 함께 걸음마를 배우면서 공동생활을 하기 때문에 양과 서로 친구처럼 지내는 일종의 반려적 관계가 형성된다고 합니다. 이런 과정을 통해서 성장한 목동은 자신의 안위를 생각하기에 앞서 언제나 양의 복지를 먼저 생각합니다. 목동의 성품이 제2의 천성이 되는 것이죠. 따라서 선한 목자의 가장 중요한 성품이자 자질은 양과 함께 살고, 양과 함께 죽는 것입니다.

그렇다면 목사에게 가장 중요한 우선순위는 무엇이겠습니까? 바로 여러분입니다. 만일 담임목사로서 제가 여러분보다 다른 어떤 것에 더 마음을 두면 저는 선한 목자로서의 자격을 갖추지 못한 것입니다. 심지어 저의 가족들조차도 여러분보다 더 우선적인 가치의 대상이 될 수 없다고 생각합니다. "무릇 내게 오는 자가 자기 부모와 처자와 형제와 자매와 및 자기 목숨까지도 미워하지 아니하면 능히 나의 제자가 되지 못하고 누구든지 자기 십자가를 지고 나를 좇지 않는 자도 능히 나의 제자가 되지 못하리라"(눅 14:26-27).

삯꾼인 거짓 목자는 양이 우선이 아니고 품삯이 우선입니다. 그는 자기에게 이익이 되지 않으면 언제든지 양을 버리고 떠날 것입니다. 저는 절대로 그런 목자는 되지 않겠습니다. 여러분을 가슴에 뜨겁게 품고 목양하겠습니다. 여러분께 꼭 "당신은 우리의 선한 목자입니다"라는 말을 들을 수 있게 노력하겠습니다. 여러분을 깊이 사랑하며, 늘 풍성한 꼴을 공급하고, 위험을 무릅쓰고서라도 여러분의 안전을 지킬 것입니다.

여섯째, 저는 교회 안에만 머무는 목회가 아닌 교회 안팎을 고루 아우르는 목회를 하겠습니다(요 10:9, 16). 목회자는 종종 이런 자문을 하곤 합니다. '목회의 범위는 어디까지인가? 교회까지만인가 아니면 교회 밖까지인가?' 저는 목회의 범위를 개교회 차원에만 국한시키는 것은 좁은 시각이라고 생각합니다. 요한복음 10:16을 보면 목회는 교회 안만 염두에 두지 않고 교회 안과 밖을 동시에 아울러야 함을 깨닫게 합니다. 목회자는 교회 안의 교인들뿐만 아니라 교회 밖의 시민들에게도 목회적 관심을 가져야 합니다. 저는 사회를 배제하고 소외하는 목회가 아닌 '친사회적(親社會的) 목회'를 추구할 것입니다.

오늘날 교회를 향한 일반 대중들의 시선이 곱지 않음은 우리 모두가 동의하는 사실입니다. 사회가 교회를 향해 그런 태도를 보이는 데는 그럴만한 이유가 있습니다. 교회가 지나치리만큼 이기적인 모습을 보일 때가 많기 때문입니다. 그리고 교회가 이런 모습을 보이는 데는 무엇보다 목회자들의 목회 범위에 대한 인식의 폭이 협소한 데 큰 원인이 있음을 부인하기가 어렵습니다. 그런 점에서 저는 교회 안의 양무리뿐 아니라 교회 밖의 양 떼에 대해서도 동일한 사랑과 긍휼의 마음을 가지고 목회하려고 합니다.

일곱째, 저는 하나님께 책임지는 목회를 하겠습니다(겔 34:10, 23-24; 요 10:11-15). 제가 이 교회에 담임목사로 부임하게 된 것은 전적으로 하나님의 은혜요 섭리입니다. 따라서 저는 담임목회직을 하나님의 뜻대로, 하나님의 법도대로, 하나님의 마음으로 해야 한다는 사실을 누구보다 잘 알고 있습니다. 목회의 주체가 누구인지를 분명히 인식하는 일이 목회를 통해 거둬들이는 결과보다 더욱 중요하다는 사실 역시 잘 알고 있습니다. 그러므로 제 목회에서 발생한 결과가 어떠하든지 그것을 피하거나 전가하거나 변명하지 않고 제가 감당해야 할 책임은 분명히 지겠습니다.

다윗은 목자로서의 그러한 인식이 아주 철두철미한 사람이었습니다. 특히 시편 23편은 그가 어떤 목자였는지를 잘 증언하고 있습니다. 저는 삯꾼이 아닌 선한 목회자로서 교인 한 사람 한 사람을 목자가 양들을 푸른 초장과 잔잔한 시냇가로 인도하듯이 정성껏 돌봄으로써 하나님을 기쁘시게 하는 목회를 할 것입니다. 그리고 거듭 말씀드리지만 목회에서 발생하는 모든 결과에 대해서 성부 하나님께 책임지는 목회를 하겠습니다.

여덟째, 저는 혹시라도 교회의 건덕과 화평을 저해하는 교인이 생기면 그 사람에 대한 판단과 처벌은 오로지 하나님께만 맡기겠습니다(겔 34:17-22). 영혼의 목자장 되시는 하나님께서는 목자가 양들을 어떻게 돌보는지에만 관심을 두시지 않고, 양들에 관해서도 깊은 관심을 갖고 계십니다. 곧 목자가 좋은 꼴을 먹여 준 것에 대한 양들의 반응이 무엇이냐에 관심을 두고 계신다는 말씀입니다.

성경은 양들 가운데 배은망덕하고 거만한 양들이 있는 것처럼 교인들 가운데도 그런 교인들이 있다고 지적합니다. 그럴 때 하나님은 못된 양들을 꾸짖으시고 직접 그들을 심판하시겠다고 말씀하십니다. 그런 이유로 목회 중에 온당치 못한 교인들을 만나서 목회가 어려워지면 그들에 대한 심판은 하나님의 손에 맡겨야 한다는 것입니다. 그러나 가급적 그런 교인들이 생기지 않도록 겸손하고 온유한 성품으로 좋은 목회를 해서 교회 안에 늘 사랑과 화평이 깃들게 하겠습니다.

이상에서 설명드린 저의 목회관을 교회 현장에서 실행할 때, 다음과 같은 목회방침을 정해서 사역을 수행하겠습니다.

## 목회방침

1. 제가 꿈꾸는 교회는 초기 기독교의 예루살렘 교회와 같습니다. 곧 성령의 충만함이 넘치는 교회, 말씀이 풍성하고 기도의 능력을 경험하는 교회, 성도들의 삶에 진정한 변화의 간증이 있는 교회, 기적과 기사가 부인되지 않는 교회, 성도의 구속적 친교가 풍성한 교회를 세우는 것입니다. 사도행전 2:47이 증언하는 바와

같이 "하나님을 찬미하며 또 온 백성에게 칭송을 받으니 주께서 구원 받는 사람을 날마다 더하는" 교회가 단순히 꿈이 아닌 현실이 되는 교회가 바로 우리 교회가 되도록 하겠습니다.

2. 우리 교회는 조직체가 아닌 유기체로서의 공동체성이 유지되게 할 것입니다. 물론 교회는 현실적으로 조직체적인 요소가 전혀 없을 수 없습니다. 그러나 조직체로서의 교회보다는 유기체로서의 교회가 되도록 힘쓰겠습니다. 다시 말해 우리 교회가 생명력이 살아 숨 쉬는 참 공동체로 자리매김하도록 노력하겠습니다. 그러므로 우리 교회가 '대형화'되는 일은 없을 것입니다. 대형교회는 이미 유기체로서의 생명력을 상실하고 조직체적인 요소, 나아가 기업적 요소만 가득한 제도이기 때문입니다.

3. 우리 교회는 성장이 아닌 성숙에 더 큰 강조점을 두겠습니다. 어떤 면에서는 올바른 목회를 수행하다 보면 교회의 수적 성장과 부흥이 자연스럽게 따라올지 모릅니다. 생명은 또 다른 생명을 재생산하기 때문입니다. 그렇지만 저는 양적 성장일변도의 목회는 추구하지 않겠습니다. 그런 결과지향적인 목회를 할 때 목회의 본질이 변질될 수 있고, 그러다 보면 교회의 목표가 대형화로 나아가는 것은 시간문제입니다. 또한 교회가 양적 성장을 추구하면 교회에 기업경영적 방법과 수단이 들어오게 되고 교회의 세속

화는 불가피할 것입니다. 앞서도 말씀드렸지만 교회의 대형화는 제 목회의 관심사가 전혀 아니고 또한 목회를 하면서 세상 경영의 기교들을 활용하는 것은 더더욱 제 목회방침이 아닙니다. 오히려 저는 여러분이 그리스도의 장성한 분량에 이르도록 성숙해지는 데 방점을 두고 목회할 것입니다.

4. 특별히 저는 여러분의 가정에 관심을 많이 기울이겠습니다. 앞으로 우리 교회에서는 출석교인이 얼마인지보다 출석가정이 얼마인지가 더 큰 주제가 될 것입니다. 저는 '교회는 큰 가정이고 가정은 작은 교회'라는 주장에 기꺼이 동의하며 우리 교회에도 그와 같은 주장을 적극적으로 관철시키겠습니다. 성도들의 가정이 건강해야 교회가 건강한 법입니다. 교인들의 가정이 병들었는데 교회 안에서 거창한 조직을 만들고 요란한 사역을 하는 것이 무슨 의미가 있겠습니까? 옛 어른들이 남긴 수신제가치국평천하(修身齊家治國平天下)란 말은 교회에도 적용되는 좋은 말이라고 생각합니다.

5. 저는 교회 안의 어떤 관계에서도 명령이나 군림이 아닌 대화와 설득의 리더십을 발휘하여 목회하겠습니다. 부교역자와는 동역자로서 상대하며, 교인들에게는 겸손과 온유함으로 섬기겠습니다. 결코 권위나 독선으로 교회를 치리하지 않을 것이며 어떤

일이 있어도 독재적 목회자라든지 제왕적 목회자라는 말은 듣지 않도록 노력하겠습니다. 오직 설득과 감동의 리더십으로 선한 영향력을 교회 안팎에 끼치도록 최선의 노력을 경주하겠습니다.

6. 저의 목회는 크게 섬김과 돌봄의 두 요소로 이루어질 것입니다. 저에게 가장 중요한 돌봄의 대상은 누가복음 4:16에 언급된 대로 가난한 자와 포로 된 자, 눈먼 자와 눌린 자입니다. 제가 이 교회의 담임목사로 부임한 것도 그런 자들에게 자유의 복음을 전해주기 위해서입니다. 이러한 저의 목회적 태도는 2천 년 전 예수님의 모습에 기초하고 있습니다. 예수님은 세리와 창기들의 친구라는 별명까지 얻으셨습니다. 그렇다고 해서 가난한 자와 아픈 자와 눌린 자들 외에 다른 성도들은 목회 대상에서 제외하거나 외면하겠다는 뜻은 결코 아닙니다. 교회라는 울타리에 들어온 교인들은 모두 제가 섬기고 돌보아야 할 하나님의 백성입니다.

7. 앞으로 교회에서 직분자를 세울 때는 목회 서신의 가르침을 철저히 따르겠습니다. 오늘날 교회의 직분자 인플레이션이 도를 넘어서고 있습니다. 우리 교회도 예외라고 말하기 어려운 실정임을 여러분도 잘 아실 것입니다. 그러므로 앞으로 직분자 선출은 성경적 원칙에 따라 시행될 것입니다. 한국교회 관행처럼 되어 있는 '선 선출, 후 훈련' 공식은 따르지 않겠습니다. 직분자로 잘

준비된 사람들만 세우도록 하겠습니다. 다만 준비된 직분자가 많이 세워지도록 평상시 바른 신앙교육을 시키는 일에 게을리하지 않겠습니다.

8. 저의 목회에서는 설교와 교육이 서로 균형과 조화를 이루게 노력하겠습니다. 특별히 교회교육에 지금보다 더 많은 관심을 가지려고 합니다. 한국교회 전체적으로 주일학교 교육이 일대 위기를 맞고 있다는 점을 감안할 때 교회교육에 대한 관심과 투자의 회복은 더 이상 늦출 수 없는 시대적 소명입니다. 따라서 앞으로 우리 교회의 여건과 능력이 허락하는 한도 내에서 최대한 교회교육의 재건을 위한 노력을 경주할 예정입니다.

9. 남북통일을 준비하는 목회를 지향하겠습니다. 아직은 남북통일이 먼 미래의 뜬구름 잡는 일처럼 느껴질 수 있지만 하나님께서 행하시기만 한다면 이 일이 어느 날 갑자기 성큼 현실로 다가올 수 있습니다. 남북통일은 정치사회적으로 오랫동안 분열되었던 우리 민족이 하나로 재결합한다는 의미뿐 아니라 북한 주민들에게 신앙의 자유가 주어지고, 북한 교회가 재건되는 등 선교적 지평이 확장된다는 의미도 있습니다. 이 과업은 하나님의 샬롬의 통치를 한반도에 실현시키는 역사적 사건이 될 것입니다. 따라서 하나님 나라의 대행자인 교회가 이 일을 위해서 깨어 기도하는

가운데 지혜롭게 잘 준비되어야 할 것입니다.

다시 말씀드립니다만, 저는 여러분에게 결코 부끄럽지 않은 담임목사가 될 것을 약속드리겠습니다. 삯꾼이 아닌 선한 목자로서 여러분과 교회를 위해 봉사와 헌신 그리고 희생을 아끼지 않겠습니다. 목회가 하나님의 일인 이상 저의 모든 것을 바쳐서 충성하겠습니다.

혹시 앞에서 말씀드린 목회철학과 목회방침에 대해서 궁금한 점이 있으시면, 질문해주십시오.

------------------------------ **질의응답** ------------------------------

**질문 1** 제가 가장 먼저 질문을 드리는 것 같아서 좀 떨립니다. 사실 그동안 교회에서 이런 시간을 가져본 적이 전혀 없었거든요. 목사님께서도 아시는 것처럼 우리 교회는 그렇게 큰 교회가 아닙니다. 그러나 새로운 목사님의 부임을 맞아 교회부흥에 대한 기대가 형성되고 있는 것이 사실입니다. 조금 당돌한 질문일지 모르지만 목사님은 교회가 수적으로 어느 정도까지 성장하기 원하시는지 궁금합니다. 오늘날 교회들은 경쟁적으로 교회의 수적 성장에 열을 올리는 추세인데, 목사님의 목회방침 대로라면 수적 한계가 있을 것 같아서 여쭙습니다.

**답** 말씀하신 것처럼 우리 교회는 작은 교회입니다. 저는 당분간 은 현재의 규모를 유지하려고 합니다. 다만 생명력이 넘치 는 공동체성 형성에 최우선적으로 집중할 생각입니다. 우리 교회가 다른 무엇보다 하나님의 사랑과 평화가 가득한 교회 가 되게 할 것입니다. 누구든지 이 공동체 안에 발을 들여놓 는 순간 이곳에 하나님의 거룩한 임재가 가득함을 느낄 수 있는 신령한 공동체가 되게 할 것입니다. 만일 그렇게 된다 면 자연스럽게 새로운 영혼들이 우리 교회를 찾아올 가능 성이 높아지겠지요. 실제로 그런 일이 일어난다면 사도행전 2:47에 나오는 "주께서 구원받는 사람을 날마다 더하게 하 시니라"라는 말씀이 우리 교회의 현실이 될 것입니다. 또한 교회의 부흥과 성장은 전적으로 성삼위 하나님의 주권과 소 관이라는 점을 고려할 때 교회를 찾아오는 사람들을 인위적 으로 막을 권리나 재간은 없습니다.

그러나 동시에 요한복음 10:14에 "나는 선한 목자라 내 가 내 양을 알고 양도 나를 아는 것이"라고 한 바와 같이 목 회자와 교인들은 인격적으로 깊은 관계를 맺어야 합니다. 하지만 교회 규모가 정도 이상으로 커지면, 목회자와 교인 들과의 관계뿐 아니라 교인 상호 간에도 인격적인 친교를 나누기 어려워집니다. 따라서 교회가 생명력 넘치는 공동체 성을 유지하면서, 동시에 성령의 강력한 임재와 동행 속에 계속해서 새로운 영혼들을 주님께로 인도하는 일에 서로 조화와 균형을 이루는 것이 매우 중요합니다. 앞으로 이런 일들이 실제로 우리 교회에서 일어난다면, 그때그때 상황에 맞게 성령의 감동과 지도를 받아가며 또한 우리 모두가 머리를 맞대고 가장 합리적인 방안을 모색하면서 이 문제를 슬기롭게 풀어야 할 것입니다.

분명히 말씀드릴 수 있는 것은 저는 맹목적인 교회성장주의자가 아니라는 사실과 혹시라도 하나님의 은혜로 우리 교회가 양적으로 성장하게 된다면 적극적인 분립과 개척지원 노력을 통해서 성경적인 공동체성을 유지하고 또 이를 확대재생산하는 데 최선을 다하겠습니다.

**질문 2** 저희 교회는 몇 년 전부터 새로운 예배당 건축을 위해서 건축헌금을 하고 있습니다. 목사님은 교회건축에 대해서 어떻게 생각하시는지요?

**답** 앞으로 무슨 일이 있어도 절대로 새로운 예배당을 신축하지 않겠다고 확정적으로 말씀드릴 수는 없습니다. 다만 이 자리에서는 예배당 건축에 대한 제가 생각하는 몇 가지 원칙을 간략히 말씀드리는 것으로 답을 대신하고자 합니다. 첫째는 건축에 대한 필요성을 대다수의 교인들이 동의하느냐입니다. 둘째는 건축의 시기는 건축헌금이 다 모아진 다

음이어야 한다는 것입니다. 물론 경우에 따라서는 어느 정
도 모인 헌금으로 예배당 부지를 먼저 구입하고 이후에 건
물을 지을 헌금이 모아지면 실제 건축을 하는 방식을 택할
수는 있습니다. 셋째, 은행에서 대출을 받는 방법으로는 건
축하지 않겠다는 것입니다. 넷째는 교회건축이 단순히 우리
교회만의 필요뿐 아니라 우리 교회가 위치한 이 지역사회
의 필요에 얼마만큼이나 부합할 수 있는가를 고려해보자는
것입니다. 그리고 같은 맥락에서 새로운 예배당 건축이 교
회의 기성세대뿐 아니라 지금 자라나는 다음 세대의 소명과
필요에 얼마나 합치할 수 있는가도 중요한 고려 대상이 되
어야 합니다.

이러한 원칙에 대해 혹시 여러분 가운데 그렇게 해서 언
제 예배당을 지을 수 있겠냐고 반문하시는 분이 계실지 모
르겠습니다. 어떤 분들은 교회건물이 있어야 빨리 부흥한다
는 생각이나, 건축을 일종의 투자로 생각하고 지금 땅을 사
서 지어만 놓으면 몇 년 후에는 몇 배의 이익을 볼 수 있다
고 은행 대출을 받아서 건축하는 일을 왜 피하느냐고 말씀
하시는 분도 계실 겁니다. 그러나 방금 말씀드린 건축 원칙
은 제가 이 교회에서 목회하는 동안에는 꼭 지켜나가겠습
니다. 특별히 은행 대출로 건축하는 것만큼은 무슨 일이 있
어도 피하겠습니다. 하나님께 드려진 헌금이 세상 은행의

이자로 무의미하게 지출되는 것은 그것이 제아무리 좋은 의도라 해도 헌금의 성경적 의미를 훼손하는 일입니다.

**질문 3** 지금 우리 교회는 교인들의 편의를 위해 예배와 기도회 시간에 맞춰 승합차 한 대를 운행하고 있습니다. 제 생각에는 앞으로 한 대 정도는 더 운행해야 교인들의 편의를 충분히 충족시킬 수 있을 것 같은데 목사님 계획은 어떠신지요?

**답** 이 문제는 제가 교인들의 사정을 좀 더 면밀하게 파악한 후에 적절하게 결정하도록 하겠습니다. 교회가 각종 집회 시간에 맞춰 차량을 운행하는 것에 대한 저의 원칙적인 의견은 이렇습니다. 저는 기본적으로 일정 규모 이상의 교회들이 앞다투어 대형버스를 운행하면서 장거리 지역의 교인들을 태워 나르는 데 대해 매우 부정적인 시각을 갖고 있습니다. 이렇게 되면 대형 백화점이 셔틀 버스 운행으로 지역의 소규모 상점들을 고사시키는 것과 다를 바가 없습니다. 또한 교회가 지역적 기반을 가지고 자신이 속한 지역에서 하나님 나라의 대행자 역할을 수행해야 한다는 성경적 관점에 비추어볼 때도 교회의 지역적 성격을 파괴하고 무시하는 듯한 대형버스 운행은 마땅히 지양되어야 합니다.

그러나 우리 교회처럼 승합차 수준의 차량 운행은 무작정 비판적으로만 볼 일은 아니라고 생각합니다. 우리 교회

승합차 운행은 거동이 불편하신 어르신들이나 장애인들이 예배 출석을 하는 데 많은 도움이 되고 있으며, 또한 어린이 주일학교에도 유용하게 사용되기 때문입니다. 그 외에도 승합차를 운행함으로써 주일에 자가용으로 교회에 오시는 분들의 숫자가 다만 몇 가정이라도 줄어든다면 이 또한 환경 보호나 주차 문제 해결에 도움이 되기에 부정적으로만 생각할 일은 아닙니다.

하지만 앞서도 말씀드린 것처럼 혹시라도 교회 차량 운행이 교회 성장에 대한 욕심과 효율성 제고를 위한 목적에서 비롯될 수 있기 때문에, 앞으로 이런 부분들을 종합적으로 고려하면서 승합차 보유와 활용에 대한 지침을 마련하도록 하겠습니다.

**질문 4** 제가 알기로는 과거 담임목사님께 제공하던 승용차는 은퇴하신 전임 목사님이 가져가셔서 현재는 목사님이 사용하실 승용차가 없습니다. 앞으로 목사님께서도 교회 사역을 하시는 데 승용차가 필요하실 텐데, 너무 사적이고 죄송스런 질문이지만 목사님은 교회에서 어느 정도의 승용차를 준비해드리길 원하시는지요?

**답** 정말 사적인 질문이시군요(웃음). 질문을 해주셨으니까 굳이 답변을 드리면 저는 교회에서 별도로 승용차를 제공받지 않겠습니다. 물론 저도 승용차가 필요합니다. 하지만 제 승용

3 장 목회철학 소개

차는 제가 교회에서 받는 사례비로 스스로 해결하겠습니다. 그리고 제 승용차는 여러분이 타고 다니시는 차량의 평균적인 수준에서 결정하도록 하겠습니다. 또한 제가 사적인 용도로 차량을 사용하는 경우에는 교회 재정에서 기름값을 사용하지 않도록 철저히 조심하겠습니다.

**질문 5** 목사님, 정말 죄송한 질문인데요. 만약에 은혜받은 어떤 성도가 목사님께 고급 승용차를 사드리면 어떻게 하시겠습니까?

**답** 사랑하는 성도 여러분, 앞으로는 이런 질문을 가급적 삼가주시면 고맙겠습니다. 마치 제가 무슨 어려운 테스트를 받는 기분입니다. 그러나 역시 질문이 나왔으니 답변을 드리겠습니다. 만일 어떤 교우로부터 그런 제안을 받는다면 저는 처음부터 단단히 뜯어말리거나 냉정히 거절하겠습니다. 거듭 말씀드립니다만, 저와 제 가족은 액수의 많고 적음에 상관없이 교회에서 주시는 사례비 안에서 자족하며 행복하게 살 수 있도록 노력할 것입니다. 그리고 행여라도 사치스러운 치장과 행동으로 교인들의 마음을 아프게 하거나 실망시키지 않도록 모든 행동거지에 주의를 기울이겠습니다.

그럼에도 어떤 분이 하나님께 큰 은혜를 입었거나 복을 받아서 그것에 대한 사례를 꼭 물질로 드리고 싶으시다면, 그 성격을 분명히 명시해서 교회에 헌금해주십시오. 아니면 해외 선교사님들의 필요를 채우는 데 힘을 보태거나 또는 우리 사회의 낮고 어려운 자리에서 묵묵히 정의와 공평의 실현을 위해 수고하시는 분들을 위한 후원금으로 사용하는 것이 더 바람직하다고 생각합니다.

**질문 6** 우리 목사님은 가족 수가 적어서 물질에 초연하신 것 같은데요, 이웃 교회는 목사님 자녀의 유학비용을 감당하느라 상당한 부담을 느끼는 것 같습니다. 목사님은 이 문제에 대해서 어떻게 생각하시는지요?

**답** 동료 목회자에 관한 이야기이기 때문에 말씀드리기 조금 조심스러운 면이 있습니다. 그러나 원칙적인 면에서 말씀을 드린다면 이 문제는 교회 규모와 교회가 감당할 수 있는 재정 수준에 비추어서 탄력적으로 생각해볼 여지가 있습니다. 가령 사회에서도 상당한 규모와 매출이 있는 회사의 경우 직원들의 복지 진작 차원에서 자녀들의 학비 일부를 회사에서 보조해주는 것으로 알고 있습니다. 만일 어떤 교회가 그 정도의 여유가 있다면 적어도 목회자 자녀의 의무 교육비 정도는 교회가 책임지는 것이 맞다고 생각합니다. 다만 이 경우에도 담임목회자의 자녀들만이 아닌 교회 직원 전체를 대상으로 지원하는 것이 형평성의 원칙에 부합할 것입니다.

하지만 교회가 재정적으로 그 정도의 여유와 힘이 없는 경우에는, 앞의 승용차 문제에서처럼 이 문제 역시 목회자가 사례비 내에서 스스로 지혜롭게 해결하는 것이 덕스러울 것입니다. 이런 문제를 대하는 최우선적인 기준은 목회자의 필요가 아니라 교인들의 평균적인 생활수준과 형편이어야 합니다. 잘 알고 있듯이 우리 사회의 양극화 문제와 장기간의 경기 침체로 교인들의 삶이 갈수록 더 피폐해지고 있는 상황에서, 일정 규모 이하의 교회 목회자들이 전통적인 관행대로 교회에 생활의 모든 부분을 의존하기보다는 자신이 섬기는 공동체의 평균적인 삶의 수준과 내용에 맞추어 자기 생활수준을 재조정하는 것이 더 바람직하다고 봅니다. 그렇게 본다면 해마다 막대한 비용이 발생하는 목회자 자녀의 해외유학경비를 교회가 부담하는 것은 바람직하지도 덕스럽지도 않다는 결론을 내릴 수 있을 것입니다.

또 한 가지 이 문제와 연관하여 생각해볼 수 있는 주제가 있습니다. 목회세습 문제입니다. 근자에 한국 개신교 안에서 일어나는 목회세습은 불신 사회에서까지도 못마땅해하는 형국입니다. 대형교회 담임목사님들이 교인들이 헌금하고 지원한 돈으로 자녀들을 해외로 유학 보내서 박사 학위 취득과 더불어 일종의 스펙을 갖추게 한 후에 그 조건을 앞세워 자신이 은퇴하는 시점에 담임목회직을 승계하는 식의 교회세습이 널리 행해지고 있습니다. 이 점을 고려할 때 앞으로 교회 재정으로 목회자 자녀를 유학 보내는 일은 근절되어야 할 악습이라고 판단하고 있습니다.

**질문 7** 교회에는 일반적으로 각종 회의와 모임이 많습니다. 이런 모임이나 회의에서 목사님께서 교인들로부터 부당하다고 생각되는 지적이나 항의를 받으시거나 또는 목사님께서 계획하신 목회적인 프로젝트에 대한 심한 반대가 있을 때는 어떻게 하시겠습니까?

**답** 매우 좋은 질문입니다. 만일 어떤 성도님이 제 생각이나 계획을 부정적으로 받아들이시거나 반대할 때는 그 이유가 무엇인지를 겸손하게 경청하겠습니다. 그리고 상호존중하는 가운데서 심도 있는 토론을 통해 이해의 폭을 좁히도록 노력하겠습니다. 만일 제가 생각하기에 아무리 중요한 프로젝트나 안건이라 해도 교인들이 심각하게 반대한다면 어떤 일도 무리하게 추진하거나 밀어붙이지 않겠습니다.

물론 어떤 일의 사안이 성경의 정신을 파수하고 교회의 존립과 관계되는, 곧 기독교 신앙의 본질과 관계된 문제일 때는 결코 고분고분 양보하지는 않을 겁니다. 그러나 본질의 문제가 아닌 비본질의 문제에는 얼마든지 융통성을 발휘하여 여러분의 의견을 존중하고 경청하며 대화하도록 노력하겠습니다. 이런 문제를 취급할 때는 최대한 저의 감정을 잘 통제할 것이며 관용과 균형의 정신을 가지고 회의를 인도하겠습니다. 동시에 부탁드리고 싶은 것은 여러분도 교회가 신앙적인 문제를 다루는 회의에서는 부디 사적인 감정을 잘 다스려주시기를 바라며 교인 상호 간에 인격을 손상시키는 언행은 삼가주시면 감사하겠습니다.

# 4장

# 사역방침설명회:
# 예배

저의 목회 사역은 마태복음 4:23에 근거하여 다음과 같은 3대 목
표로 진행될 것입니다. 첫째는 복음을 전하는 설교 사역, 둘째는
성경말씀을 가르치는 교육 사역, 셋째는 모든 연약한 것과 병고
를 위로하고 돌아보는 심방과 치유 사역입니다.

　이번에는 각 목회 사역의 핵심 요소에 대해 간단한 설명을 드
리고, 이 설명에 따른 목회방침을 제시한 후 교인들의 질문을 받
고 답변을 드리는 순서를 갖겠습니다.

──────────── **예배** ────────────

예배는 하나님을 사랑하는 사람들의 믿음과 마음의 공적인 표현
으로서 신앙의 외적 표현이라 할 수 있습니다(대하 7:14). 예배는
그리스도인의 존재의 중심일 뿐만 아니라 기독교의 핵심입니다.
성경은 예배로 가득 차 있습니다. 창세기부터 요한계시록까지 성
경은 예배의 대상이 누구이며, 어떻게 그분을 예배할 수 있는지

에 관한 예배의 방법을 알려주고 있습니다. 그럼에도 불구하고 우리는 "예배란 무엇인가?"라는 질문이 주어졌을 때 자신 있게 대답할 수 있는 사람이 많지 않습니다.

오늘날 우리가 예배를 드리는 데 부족한 것은 전혀 없어 보입니다. 화려한 예배당, 고급 파이프 오르간과 그랜드 피아노, 값비싼 마이크 시설, 최신 냉난방 시설까지 모두 완비되어 있습니다. 나아가 예배에서 가장 중요한 요소인 예배드리는 사람도 아주 많습니다. 외형적으로 우리는 '부족함이 없는 시대'를 살면서 모든 것을 갖추고 예배를 드립니다. 하지만 실제로는 우리가 예배를 드릴 때마다 무언가 허전하고 아쉬운 듯한 감정을 느끼는 것은 무엇 때문일까요? 혹시 정말 갖춰야 할 그 무엇을 잃어버렸기 때문은 아닐까요?

문제는 여기에 있습니다. 사람들이 예배를 추상적으로 이해하기 때문에 우리가 매 주일 드리는 예배도 추상적일 수밖에 없는 것입니다. 예배를 추상적으로 드린다는 것은 하나님에 대한 이해가 추상적이라는 얘기입니다. 하나님을 추상적으로 알고 있는 사람들이 드리는 예배가 추상적인 것은 지극히 당연한 일입니다. 사람이란 자기가 아는 만큼 행동하고 살아내기 때문입니다. 추상적으로 알면 추상적으로 행동하게 되어 있습니다. 구체적으로 알면 구체적으로 행동합니다. 그러므로 예배에 대해서 올바로 알면 알수록 우리는 하나님께 참다운 예배를 드릴 수 있습니다.

우리 중에는 예배를 가리켜 입으로는 하나님께 영광을 돌리는 것이라고 말하면서도 한편의 감동적인 설교를 듣는 데 관심이 더 많은 경우가 비일비재합니다. 또한 예배를 통해 복과 은혜를 받는다고 생각하는 사람들도 많습니다. 그러나 예배의 참된 정수는 하나님으로부터 복을 받는 데 있지 않고 하나님께 우리 자신을 바치는 데 있습니다. 예배는 사람이 아닌 하나님에게 초점을 맞추는 것으로서, 우리 존재 전부, 즉 우리의 지성과 감성과 의지, 태도, 소유를 하나님께 아낌없이 바치는 것입니다. '삼위일체 하나님의 탁월하심에 합당한 존귀와 찬송을 그분께 돌려드리는 것'이 바로 예배입니다.

예배는 하나님께 최대한의 존경을 담아서 최상의 가치를 돌리는 마음과 생활의 표현입니다. 최상의 존재이신 하나님 앞에 엎드려 완전히 부복하여 절하는 것이 바로 예배입니다. 그러므로 본질적으로 예배는 드리는 것입니다. 하나님께 경의와 충성을 드리는 것입니다. 그것이 그리스도인들이 주일에 함께 모여 예배를 드리는 진짜 이유입니다. 그러므로 우리가 주님을 예배하기 위해 함께 모일 때마다 일차적으로 관심을 쏟아야 하는 것은 우리가 그분께 무엇을 받을까가 아니라 무엇을 드릴까입니다.

## 예배에 관한 목회방침

1. 예배는 두 가지 요소로 이루어져 있습니다. 하나는 하나님께서 회중들에게 내려주시는 것이고, 다른 하나는 회중들이 하나님께 올려드리는 것입니다. 하나님께서 회중에게 내려주시는 것은 설교말씀입니다. 또한 회중이 하나님께 올려드리는 요소는 예배 순서에서 설교 말씀을 뺀 다른 요소들입니다. 예컨대 찬송, 기도, 헌금 등입니다. 이 두 가지 요소가 조화를 잘 이루어야 참된 예배입니다. 저는 우리 교회 예배가 이 두 가지 요소가 조화와 균형을 이룬 진실하고 아름다운 예배가 되게 할 것입니다.

2. 예배에서 설교 말씀이 가장 중요한 요소인 것은 부인하기 어렵습니다. 그러나 설교가 예배를 지배하면 그 예배는 결코 참된 예배가 될 수 없습니다. 설교의 흥행(?) 여부에 따라 예배의 성패가 결정되는 것처럼 여겨지는 현대의 교회문화는 성경적이지 않습니다. 우리 교회가 드리는 예배는 예배의 모든 요소가 다 소중하게 진행될 것입니다. 다시 말씀드립니다만 예배를 흠향하시는 하나님은 설교 시간에만 함께하시는 것이 아닙니다. 예배의 모든 순서마다 성부 하나님께서 성령을 통해 우리와 함께하시며 영광을 받으십니다.

3. 그러므로 예배 순서를 준비하는 사람과 예배에 참여하는 모든
교인들은 최선을 다해서 경건하게 삼위일체 하나님께 나아가야
합니다. 목회기도를 하실 분은 한 주간 동안 미리 기도로 준비해
야 하며, 헌금을 드리고 찬송하는 회중 역시 성심을 다해 예배를
준비해야 합니다.

4. 우리가 드리는 주일아침예배(혹은 주일오후예배) 그리고 수요
예배는 예배의 질과 양에 아무런 차이가 없음을 인식해야 합니
다. 간혹 '주일대예배'라는 용어를 사용하는데 이러한 용어는 예
배 간에 차별을 두는 정신에서 비롯된 것입니다. 우리가 드리는
모든 예배가 다 똑같이 소중하고 귀하다는 사실을 여러분의 마음
에 깊이 새겨두시기 바랍니다. 예배를 인도하는 저 자신부터 그
러한 인식을 가지고 매 예배에 최선을 다해서 준비하고 인도하겠
습니다.

5. 앞으로는 예배 순서의 찬송 시간에는 모두 다 같이 일어서서
찬양을 부르겠습니다. 또한 헌금을 강단 앞으로 가지고 나올 때
도 모든 회중이 일어나서 하나님께 감사의 찬송을 올리도록 하겠
습니다. 성가대 자리는 기존의 방식과 같이 전면에 별도로 위치
한 좌석은 없애고 모두 앞으로 나와 찬양을 하고 찬양 후에는 성
가대원들도 회중석에서 예배를 드리게 하겠습니다. 이는 교회의

어떤 직분자도 특별히 구별된 자리에 앉는 것을 피함으로써 우리 모두가 하나님 앞에서 동등하고 동일한 예배자라는 사실을 고백하기 위함이며, 담임목사인 저도 이 점에서는 예외를 두지 않겠습니다.

---

### 질의응답

**질문 1** 어떤 교회를 보면 담임목사님이 3-4부, 심지어는 6부까지 설교를 하십니다. 거기까지는 아니더라도 우리 교회도 지금보다 주일예배 횟수가 더 늘어나면 목사님께서 여러 번 설교를 하셔야 할 텐데, 목사님 혼자서 설교 사역 전부를 독점하실지 아니면 부교역자들과 설교 사역을 분담하실지가 궁금합니다.

**답** 지난번에도 느꼈지만 제가 보기에 여러분은 교회의 양적 성장에 관심이 아주 많으신 것 같습니다. 앞서도 밝혔듯이 하나님의 은혜로 우리 교회도 새로운 영혼들을 구령함으로써 지속적인 성장을 경험할 수 있기를 저도 바랍니다. 그러나 새로운 교인이 아주 많이 오셔도 주일예배는 2부 이상 드리지 않겠습니다. 이것은 단순히 저의 목회철학에만 국한된 문제가 아니라 더 근본적으로 신약성경의 교회론과 관계된 문제입니다. 저는 여러분의 목자로서 교인 한 분 한 분의 영혼을 성심껏 섬기고 돌보겠다고 말씀드렸습니다. 이런 생각은 "목자는 양을 알고 양은 목자를 안다"라는 말씀에 근거합니다.

우리 교회가 양적으로 더 성장하여 만일 5부까지 예배를 드린다면 저는 교인들을 인격적으로 관계할 수 없을뿐더러, 설령 얼굴과 이름을 안다고 해도 간단한 신상명세 정도만 알지 인격 대 인격 간의 앎은 아닐 것입니다. 이런 목회는 마땅히 지양되어야 합니다. 성경을 보면 하나님의 사람의 사역은 사람을 성숙하게 세우는 데 있었지 그들을 양적으로 확장시키는 데 있지 않았습니다.

그리고 만일 지금보다 교회가 더 부흥해서 2부 예배를 드리게 된다면 그때는 주일오전예배 설교 사역은 제가 주로 감당하겠지만 그 외의 예배 설교 사역은 부목사님들이나 전도사님들께 충분한 기회를 드리겠습니다. 사실 저는 어떤 예배의 설교를 누가 하는가의 문제는 부차적인 문제라고 생각합니다. 그보다는 저를 포함한 교역자들이 평상시에 정기적으로 모여서 함께 성경을 연구하고 독서 나눔을 하면서 각자의 설교 역량을 더 향상시키려는 노력이 필요할 것입니다. 지속적으로 이런 시간을 갖다 보면 어느 순간부터는 주일오전예배 설교를 꼭 제가 아닌 다른 목사님들이나 전도사님들이 하셔도 여러분에게 하나님의 말씀의 원의를 올바로 전달해드리는 데 크게 부족함이 없을 거라

고 생각합니다. 그리고 이 부분에서도 우리가 명심해야 할
것은 설교 말씀을 우리의 필요가 아니라 하나님께서 우리
공동체에 어떤 교훈과 위로를 주시기 원하시는지에 초점을
맞추고 경청한다면 누가 설교를 하는가의 문제는 근본적인
이슈가 될 수 없을 것입니다.

**질문 2** 우리가 일주일에 약 5회 이상의 예배를 드리는데, 아무래도 예
배 횟수가 너무 많은 것 같습니다. 주일아침, 주일오후, 새벽기도
회, 수요예배, 금요기도회, 구역예배 등 거의 매일을 교회에 나와야
하는 형편입니다. 목사님은 이 점에 대해 어떻게 생각하시나요?

**답** 네, 현실적으로 충분히 고려할 만한 가치가 있는 문제라고
생각합니다. 이 문제 역시 균형과 조화의 원칙에 입각해
서 풀어야 할 것으로 봅니다. 현대사회의 바쁜 일상에 비춰
볼 때 농경사회 시절의 유산인 수많은 형태의 예배가 부담
스럽게 느껴지는 측면도 없지 않을 것입니다. 동시에 성경
에서 "모이기를 폐하는 어떤 사람들의 습관과 같이 하지 말
고 오직 권하여 그날이 가까움을 볼수록 더욱 그리하자"(히
10:25)라고 교훈하고 있는 대로 기독교회가 오랫동안 소중
히 지켜오고 있는 전통 역시 함부로 폄훼하거나 무시해서
는 안 됩니다.

저는 앞으로 예배의 질적인 성격을 더욱 향상시키면서

예배를 관성적으로 드리지 않게 하는 것으로 이 문제를 지혜롭게 풀어나가겠습니다. 단 한 번 혹은 두 번의 예배를 드리더라도 진리의 영이신 성령의 주관과 감동 아래 진정한 예배를 드리도록 최선을 다하겠습니다. 또한 예배당에서 드리는 예배뿐 아니라 삶의 예배 역시 중요하다는 사실을 잊지 않겠습니다. 이를 좀 더 구체적으로 말씀드리면, 교인들이 주일에 가정에서 가족들 간에 안식하면서 대화하는 것을 방해하거나, 주중에 직장근무를 하거나 장사하는 것에 지장을 끼치면서까지 과도하게 많은 예배를 개설하지 않겠습니다. 같은 맥락에서 어떤 성도가 일주일에 예배를 몇 번 참석했는가 하는 기준을 가지고 그 사람의 신앙을 판단하는 문화가 교회 안에서 공공연히 위세를 떨치지 못하도록 하겠습니다.

**질문 3** 우리 교회에 연로하신 성도님들 가운데는 문자적으로 엄격하게 주일성수를 강조하시는 분들이 계십니다. 과연 주일성수는 어느 선까지 지켜야 하는지 궁금합니다. 예를 들면, 주일예배 후에 점심을 사 먹는 일이라든가 자동차 주유, 주일에 학교나 병원 또는 기타 직장에서 근무를 하거나 당직을 서야 하는 경우에는 어떻게 해야 하는지요?

**답** 이 질문에 대한 답변은 다음의 성경구절에서 해결의 실마리를 찾을 수 있습니다. 창세기 2:3에 "하나님이 일곱째 날을 복 주사 거룩하게 하셨으니 이는 하나님이 그 창조하시며 만드시던 모든 일을 마치고 이 날에 안식하셨음이더라" 라고 하셨고, 출애굽기 20:8에 "안식일을 기억하여 거룩히 지키라"라고 교훈하고 계십니다. 이 두 말씀의 핵심은 '거룩하게'라는 단어의 의미를 이해하는 것입니다. 이 말씀을 바꿔 말하면 주일에 거룩하지 않은 일—세속적이고 퇴폐적인 일—을 하지 말라는 겁니다. 점심을 사 먹거나 주유를 하고, 또는 직장에서 당직이나 특근을 하는 것은 모두 중립적인 성격의 일입니다. 따라서 우리가 주일에 자신이 맡은 책임 때문에 일을 해야 할 때 그 일을 경건하고 진실한 마음가짐으로 한다면 그 자체가 일종의 신앙적인 일이 될 수 있습니다. 나아가 구약성경에서는 안식일을 문자적으로 지키는 것이 중요했지만, 신약에서는 그렇지 않았습니다. 가령 예수님께서 일부러 안식일을 골라서 병자들을 치유하시고 귀신 들린 자들을 깨끗하게 하신 것을 기억하십시오. 우리가 주일의 문자적인 안식일 개념에 묶여 있기보다는 오히려 우리 주변에 하나님의 사랑이 필요한 이웃들에게 선을 행하는 데 치중하는 것이 더 바람직하다고 생각합니다.

**질문 4** 현재 우리 교회는 헌금을 예배당에 들어가면서 헌금함에 넣고 있습니다. 예배 중에 드렸던 때도 있었는데 2년 전쯤 지금과 같은 방식으로 바뀌었습니다. 목사님은 어떤 방식으로 헌금을 드리는 것이 더 좋다고 생각하시는지요?

**답** 저는 현재의 방식에 특별히 반대하지 않습니다. 헌금은 근본적으로 하나님께 물질이 아닌 마음과 삶을 드리는 데서 출발하므로 어떤 방식으로 헌금을 드리든 하나님께서 그것을 받으시는 데 아무런 차이가 없다고 믿기 때문입니다. 또한 예배의 기능적인 성격을 감안할 때 기왕이면 예배의 순서들이 역동적으로 진행되는 것이 좋다고 생각합니다. 그런 점에서 예배 입장 전에 미리 헌금을 드리고, 헌금 위원들이 그것을 미리 취합해서 잘 준비했다가 정해진 순서에 맞춰 하나님께 드리는 것이 전체적인 예배 진행을 위해서도 바람직하다고 봅니다. 행여 이런 취지를 잘못 이해하고 예배 순서 중에 별도로 헌금을 드리는 시간이 없다고 해서 일부러 헌금 생활을 등한히 하거나 기피하는 분들이 없기를 바랍니다. 헌금은 우리 신앙의 표현이요 고백입니다. 우리는 마태복음 6:21에서 "네 보물이 있는 그 곳에는 네 마음도 있느니라"라고 교훈하는 말씀을 경청해야 합니다.

**질문 5** 제가 아는 어떤 목사님은 봉헌 기도 때 헌금을 드린 교인들의 이름을 일일이 호명하면서 마치 그분들만을 축복하는 듯한 기도를 해주셨는데 목사님께서도 그렇게 하실 생각이신가요?

답 저는 결코 그렇게 하지 않겠습니다. 다시 말씀드리지만 하나
님께서는 은밀히 드리는 것을 기뻐하십니다. 교회에서 헌금
을 드린 분들에게 그런 대우를 해주는 것은 드린 헌금의 의
미를 훼손시키는 것입니다. 다만 제가 담임목사로서 여러
분이 드린 헌금에 담긴 수고와 땀과 눈물의 의미를 이해하
고, 또 하나님께서 그 헌신을 기쁘게 받으셔서 여러분이 이
세상을 살아가는 동안 필요한 은혜와 은사들을 허락하시길
간구하는 기도를 드리는 것 자체는 아무 문제가 없다고 생
각합니다. 그러므로 저도 앞으로 봉헌 기도를 할 것이며, 그
내용은 하나님께 대한 감사와 헌신의 고백, 그리고 헌금을
바친 특정인만이 아닌 회중 전체를 위한 하나님의 위로와
돌보심을 간구하도록 하겠습니다.

질문 6  예배 때 어떤 찬송은 기립하여 부르고 또 어떤 찬송은 앉아서
부르는데 일관성이 없다는 느낌을 받습니다. 여기에도 어떤 질서
나 원칙이 있는지요? 제가 유학하면서 경험한 바로는 미국이나 서
구의 교회들은 찬송을 부를 때는 모두 일어나서 하는데 말입니다.

답  앞서 예배에 관한 목회방침에서도 밝혀드린 바와 같이 예
배는 근본적으로 성삼위일체 하나님을 위한 것이지 사람을
위한 것이 아닙니다. 예배는 성부 하나님께 우리를 드리는

것입니다. 예배는 크게 두 요소로 구성되어 있다고 말씀드렸습니다. 하나는 하나님께 올려드리는 요소(찬송, 기도, 헌금)요, 다른 하나는 하나님께서 우리에게 내려주시는 요소(설교)입니다. 찬송은 하나님께 올려드리는 요소이니 기립한 상태에서 정성껏 드리는 게 좋다고 봅니다. 그래서 앞으로 우리 교회 예배에서 찬송을 부를 때에는 다 같이 기립하여 부르도록 하겠습니다.

**질문 7** 최근 들어 교회마다 예배의 전체적 통일성보다는 회중의 성격과 필요에 맞춰 다양한 형태의 예배를 계발하여 드리는 교회가 늘고 있습니다. 이런 추세라면 우리도 그렇게 따라가야 하지 않을까요? 예배자 중심의 예배 말입니다.

**답** 앞서 말씀드린 대로 예배의 본질은 예배자에게 있는 것이 아니라 오직 성삼위일체 하나님께 있습니다. 하나님께 우리의 전 존재를 드리는 것이 먼저이지 예배자에게 무언가가 주어지는 것이 먼저가 아닙니다. 이와 같은 예배의 성경적 원칙은 반드시 지켜져야 하고 어떠한 경우에도 훼손되어서는 안 됩니다.

이런 예배 원칙이 확고히 지켜진다면 어떤 형태의 예배라도 반대할 이유가 없습니다. 예배자는 다양한 세대와 계층의 사람들로 이루어지기 때문에 그들의 정서와 필요에 맞는 예배를 추구하는 것은 어떤 의미에서 당연하다고 생각합니다. 그러나 다시 한 번 강조하는 것은 어떤 종류의 예배든 예배자들은 예배가 자신들을 위한 것이 아님을 알아야 합니다. 우리는 성부 하나님께 최고의 존귀와 가치를 올려드려야 한다는 분명한 목표 의식을 가지고 예배드려야 합니다.

또한 현실적으로 다양한 형태의 예배를 추구하려고 할 때 예배의 형식이 예배의 내용을 변질시킬 가능성이 얼마든지 있을 수 있음을 예배를 준비하는 지도자들은 항상 성찰해야 합니다.

**질문 8** 지난 해 모 단체의 워십 댄스 팀이 와서 집회를 인도한 적이 있는데, 끝나고 난 후 교회 안에서 듣기 거북스러운 부정적인 말들이 있었습니다. 목사님은 예배에서나 집회 중에 워십 댄스를 하는 것에 대해서 어떻게 생각하시는지요?

**답** 예배는 우리의 전 존재를 하나님께 바치는 것입니다. 곧 우리의 영혼만이 아닌 몸과 마음 전부를 하나님께 드리는 것입니다. 그런 면에서 볼 때 몸으로 하나님을 찬양하고 예배하는 것 역시 귀한 일입니다. 성경에 보면 다윗은 거의 벌거벗은 몸으로 법궤 앞에서 노래하며 춤추면서 하나님을 높여드렸습니다. 워십 댄스도 몸으로 주님을 높여드리는 거룩

한 일이라면 막을 이유가 없습니다. 그런데 만약 워십 댄스
가 복장이나 동작의 미묘한 부분들로 인해 성도들에게 어
떤 자극적인 상상이나 생각을 유발시킬 만한 소지가 있다
면 그런 부분은 지혜롭게 삼가고 경계하며 행하는 것이 맞
겠지요. 비단 워십 댄스뿐 아니라 교회에서 드리는 예배에
서 경건함을 훼손시키는 그 어떤 언행도 삼가야 합니다. 모
든 예배는 영과 진리로 드려야 하기 때문입니다.

질문 9 교회마다 주일예배 때 기존 찬송가보다는 대중적인 CCM을
부르는 경우가 점점 더 많아지는 추세인데 목사님은 여기에 대해
어떻게 생각하시는지요?

답 지난 주일예배 때 보니 우리 교회도 찬송가보다는 CCM을
더 많이 부르는 것 같습니다. 저는 예배나 모임에서 CCM을
부르는 것에 대해 근본적으로 반대하지는 않습니다. 다만
우리가 CCM을 부르면서 조심해야 할 것은 하나님을 향한
경건성입니다. CCM 중에는 가사가 조금 경박스럽거나 감
정적 분위기만 상승시키려는 듯한 리듬의 곡들이 다수 있
습니다.

이렇게 말씀드리면 어떤 분들은 찬송가도 그렇지 않느
냐고 반문하실 수 있습니다. 물론 찬송가도 그럴 수 있습니
다. 그러나 찬송가와 CCM 간에는 근본적인 차이가 있습니

다. 찬송가에는 그 곡이 만들어지기까지의 깊은 신앙고백이 담겨 있는 경우들이 많습니다. 또 대부분 이런 부분들이 구체적으로 명시되어 있습니다. 하지만 CCM은 이런 면에서 불분명한 곡들이 많습니다. 예배 중에 부르는 찬송을 선곡할 때는 그 찬송을 만든 사람들의 개인적 신앙고백, 그 찬송의 유래, 교회 안에서의 위치, 그리고 오늘 우리의 상황 등을 종합적으로 고려해서 결정한다면 가장 이상적인 선곡이 되지 않을까 싶습니다.

예배 때 어떤 찬송을 부를까 하는 문제도 균형과 조화의 원칙에 따라 결정하는 것이 가장 지혜로운 방법인 것 같습니다. 앞으로 우리 교회는 교회 역사 속에서 검증된 은혜로운 찬송들과 현대적 감각과 정서에 부합하는 CCM을 적절히 배치시켜서 예배 찬송을 구성하도록 하겠습니다. 특별히 어린 자녀들에게도 찬송가를 가르쳐 부르게 함으로써 다음 세대가 교회 유산의 수혜를 입는 동시에 그 유산을 후대에 잘 계승할 수 있도록 합리적인 노력을 하겠습니다.

질문 10  우리 교회에서 멀지 않은 곳의 교회는 지난 연말로 성가대를 없앴다고 합니다. 이런 일에 대해서 목사님은 어떻게 생각하시는지요?

답  그 교회의 리더십들이 교회의 형편을 합리적으로 고려하여 그런 결정을 내렸다면 거기에 대해 우리가 왈가왈부할 일이 전혀 아닙니다. 다만 제 개인적인 견해를 말씀드린다면 하나님께 드리는 예배는 그 표현에 있어서 풍성함과 다양함을 필요로 하기 때문에 성가대가 없는 것보다는 있는 것이 더 바람직하다고 봅니다.

성가대는 단순히 예배를 돕는 보조적 존재가 아니라 그 자체로 예배를 드리는 중심 기관입니다. 성가대가 바로 서서 온전한 예배를 드리면 예배 전체의 격이 올라갈 뿐 아니라 예배의 경건미가 크게 향상될 것입니다. 또한 성가대를 유지하는 것은 오랜 세월에 걸쳐 전수된 교회의 전통을 지키는 것이며, 한편으로 교회 음악의 발전을 위해서도 꼭 필요한 일이라고 생각합니다.

그러나 자칫하면 예배에서 회중들이 하나님을 주체적으로 찬양하고 섬기기보다는 오히려 하나님이 받으셔야 할 성가대의 찬송을 청중들이 듣고 감상하는 전치현상이 일어날 수 있음을 잊지 말아야 합니다. 또 많은 교회가 한정된 교회 봉사 인력풀로 인해 한 사람이 성가대와 주일학교 교사 및 각종 선교회 봉사 직분 등을 겸직하는 일이 흔하다 보니 봉사의 전문성도 확보되지 않고 또 봉사하는 사람이 금세 탈진하는 일이 많습니다. 아마 우리 이웃 교회도 그런 문제 때문에 성가대를 없애기로 결정하지 않았나 싶습니다.

아무튼 이 문제는 교회마다 전체적인 상황을 고려해서 합리적으로 결정해야 할 일이지만, 할 수만 있다면 성가대는 대원들의 전문적인 봉사를 보장하는 방향으로 존속시키는 것이 더 바람직하다고 생각합니다.

**질문 11** 다른 교회 이야기지만 어느 정도 규모가 되면 지휘자와 반주자에게 적게나마 급여를 지급하고 그보다 규모가 더 큰 대형교회들은 바이올린, 첼로 등의 악기 연주자들에게도 사례를 지급한다고 합니다. 또 그로 인해 자격 차별과 시비—음악과 재학생이면 적은 사례, 졸업한 전공자이면 높은 사례—가 종종 있다고 들었습니다. 다행인지 아닌지는 잘 모르겠지만 아직 우리 교회는 이런 연주자들이 없는데 연주자들을 유급으로 초빙해서 사역하는 문제에 대해서 목사님은 어떻게 생각하시는지요?

**답** 이 문제에 대한 저의 철학은 비교적 분명합니다. 전임 사역자가 아닌 다음에야 교회를 위한 모든 봉사는 무급으로 함을 원칙으로 하자는 것입니다. 비록 사회에서 한 분야의 전문가로 인정을 받고 활동하는 분이라고 해도 교회봉사는 하나님께서 베푸신 은혜에 감사하는 마음으로 하는 것이 옳습니다. 그리고 우리 교회도 다양한 악기 연주를 통해 예배 찬송의 질을 높이고 또 예배를 더 풍성하게 하기 위해서 교회 안에 정기 강좌나 동아리 형태의 모임을 만들어서 음악적 소양과 재능을 가진 분들이 은사를 계발할 수 있도록 돕겠습니다.

**질문 12** 우리 교회 예배 순서에 교독문을 읽는 순서가 있는데 할 때마다 '이 교독문은 왜 읽는가?' '찬송가 뒤에 있는 교독문을 순서대로 읽는 데는 무슨 원칙이 있는가?' 하는 의문이 듭니다. 그리고 교독문이 해당 주일예배 때 부르는 찬송가나 목사님 설교 내용과 어울리지 않는 경우가 많은데요. 여기에 대해 설명을 해주시면 감사하겠습니다.

**답** 교독문은 교회 공동체가 성삼위일체 하나님께 예배를 드리기 위해 같은 성경말씀을 같은 마음으로 읽어서 예배 자세를 갖추는 순서입니다. 찬송가 뒤에 기재된 교독문은 일종의 예시문이라고 보시면 됩니다. 꼭 찬송가 뒤에 나오는 순서에 따라서 교독문을 읽어야 하는 것은 아닙니다. 어떤 의미에서는 성경 66권이 모두 교독문이라고 할 수 있습니다. 그리고 기왕이면 설교 내용과 조화를 이루는 교독문을 선택하거나 또는 설교 내용과 맞는 교독문을 성경에서 직접 찾아서 만들어도 좋다고 생각합니다.

저는 앞으로 찬송가 뒤에 실린 교독문은 참고 정도로 하고, 그날 설교 본문과 맞는 말씀을 성경에서 찾아서 교독문 형태로 구성하여 예배에서 나누겠습니다. 하나님께 드리는 예배에도 질서가 있어야 하기 때문에 순서에서 교독문, 찬송, 기도, 설교가 한 흐름을 유지하도록 예배 준비에 보다 신중을 기하겠습니다.

**질문 13** 저는 성경공부를 통해서 교회에서 받는 은혜의 방편을 설교, 성례, 기도라고 배웠습니다. 그런데 그렇게 중요한 성례식을 1년에 두 번(부활절과 추수감사절)밖에 안 하고, 그것도 세례를 베풀기 위한 수단으로 거행하는 것 같다는 인상을 받기 일쑤입니다. 목사님께서는 앞으로 성례를 어떻게 진행하실 계획이신가요?

**답** 꼭 필요한 좋은 질문을 해주셨습니다. 저는 성찬식은 가급적 자주 시행하려고 합니다. 사실 가장 이상적인 것은 매 주일 예배 때마다 성찬식을 거행하는 것입니다. 성찬 예식을 통해서 우리가 그리스도의 은혜로 구원받은 것과 우리가 한 공동체라는 사실을 재확인하고 다짐할 수 있기 때문입니다. 그러나 세례식은 세례 받을 사람이 준비가 되어야 진행이 가능합니다. 앞으로 성찬식은 되도록 자주 갖고, 세례식은 준비가 될 때마다 하되, 기왕이면 세례식이 당사자에게만이 아니라 그 가족들은 물론이고 교회 전체가 함께 경축하고 기념할 수 있는 공동체적 축제 행위가 될 수 있도록 하겠습니다.

**질문 14** 지금 교회 주보를 보면 헌금 드린 교인들의 이름을 헌금 종류
에 따라서 모두 싣고 있습니다. 이런 일이 혹시 마음은 간절하지
만 헌금을 드릴 수 없는 교인들의 마음에 상처가 되지 않을까요?
여기에 대해 목사님은 어떻게 생각하시는지요?

**답** 우리 교회 모든 문제는 우선순위를 정해서, 또 경중과 시급
을 따져서 바꿀 것은 바꾸고 좀 더 존속시킬 것은 그렇게 하
겠습니다. 주보에 헌금자 명단을 싣는 것은 장로님들과 의
논해서 빠른 시일 안에 중지하는 쪽으로 방향을 잡아보겠
습니다. 주보 뒷면에 헌금자 명단을 게재하는 것은 득보다
는 실이 훨씬 더 크기 때문입니다. 이런 관행은 무엇보다 헌
금의 근본정신을 훼손할 수 있습니다. 마태복음 6:3-4에 보
면 "오른손이 하는 것을 왼손이 모르게 은밀히 하라"라고 되
어 있습니다. 헌금은 성부 하나님께 드리는 것입니다. 우리
가 군이 실명을 공개하지 않아도 하나님께서는 헌금을 드
린 사람의 이름과 그 마음까지도 다 아십니다. 따라서 구태
여 사람들에게 알릴 필요가 없습니다. 만일 교인들 가운데
자신의 헌금이 제대로 바쳐졌는지 궁금해하는 분이 계시면
언제든지 교회사무실에 확인을 요청하십시오. 친절하게 알
려드리도록 하겠습니다.

**질문 15** 우리 교회는 매 주일 주보 뒷면에 교회통계(헌금과 출석)를

싣고 있는데 다른 교회 주보를 보면 이런 관행들이 점점 사라지는 것 같습니다. 목사님께서는 어떻게 하실 생각이신지요?

답 새로운 담임목사가 부임해서 모든 것을 한꺼번에 바꾸려고 욕심을 부리다 보면 선한 의도와는 다르게 교회의 화평을 깰 수도 있다고 생각합니다. 그래서 모든 것을 단번에 바꾸려고 무리수를 두기보다는 순차적으로 우선순위를 정해서 바꾸려고 합니다. 주보 문제도 당장 바꾸지는 않겠지만 너무 늦지 않게 틀과 내용을 조정하겠습니다. 오늘 이 자리에서는 장차 우리 교회 주보를 교회의 현황과 통계를 알리는 소식지로서의 기능보다는 교인들의 신앙을 진작하고, 또 주변 이웃들에게 복음을 소개하는 내용 위주로 재편할 계획을 갖고 있다는 점만 말씀드리겠습니다.

질문 16 현재 우리 교회 주보에는 교역자와 장로님들, 그리고 성가대 및 주일학교 책임자, 선교회 임원들의 이름이 마치 무슨 묵시적인 서열이라도 있는 듯이 등재되어 있습니다. 그런데 사실 교회마다 주보에 게재된 직분자들의 이름을 보면 통일된 형식이 없이 천차만별입니다. 주보에 직분자들의 이름을 실으려면 뭔가 질서가 있어야 할 것 같은데요. 목사님 생각은 어떠신지요?

답 이 문제는 그리 중요하지 않다고 생각합니다. 앞으로 두루 의논해서 가장 합리적인 방안을 찾아보겠습니다. 제 사견으로는 전임 교역자의 이름만 올리는 게 좋을 것 같습니다. 교회에 위급한 상황이 발생했을 때 즉각적인 대응 조치를 취할 수 있으려면 각 부서 책임 교역자의 연락처를 공유하는 것이 합리적이기 때문입니다. 만일 저의 이런 생각이 온 교인들에게 받아들여지면 앞으로 주보에 담임목사 이름과 부교역자의 이름을 같은 폰트로 해서 올리겠습니다.

여러분께 간곡히 부탁드리고 싶은 말씀은 교회 안에 절대 서열의식이 있어서는 안 된다는 것입니다. 우리 모두는 하나님 앞에서 서로 평등하며 다 같이 존귀한 자녀들입니다. 가정에서 자녀의 등급을 매기지 않듯이, 영적 가정인 교회에서도 그런 생각을 가져서는 안 됩니다. 우리는 성경의 가르침을 따라 겸손함과 온유함으로 서로를 높이고 대접하려는 선한 마음을 가져야 합니다.

그런 차원에서 앞으로 우리 교회에서는 '수석'이라는 단어를 사용하지 않도록 의견을 모아보겠습니다. 물론 현실적으로 교회에 많은 조직이 있다 보니 조직의 체계와 질서를 세우기 위해 이런 용어의 사용이 불가피할지도 모르겠습니다. 그러나 우리 교회는 이런 일을 지양하고 대신 은사에 따라서 그 사람의 존재가치를 평가하는 분위기를 만들도록 하겠습니다.

5장

# 사역방침설명회:
# 설교

## 설교

설교는 하나님께 말씀 봉사자로 부르심을 받은 자가 그분의 말씀을 대언하고 중계하는 거룩한 행위입니다. 구약과 신약에 보면 부름 받은 하나님의 사람들이 하나님의 '뜻'을 '선포'라는 사역을 통해 이 세상에 전파해왔습니다. 무엇보다 예수님이 이 땅에서 행하신 하나님 나라의 대표적인 사역이 축사와 치유와 더불어 설교였습니다(마 4:23).

설교는 시대마다 하나님의 뜻이 전해지는 채널과 같았습니다. 이렇게 볼 때 설교는 설교자뿐 아니라 성도들에게 하늘과 연결된 창과 같은 것으로 매우 중요한 사역입니다. 설교는 목회자에게 최고의 사역이 되어야 합니다. 그러나 오늘날 목회자들은 다른 일에 더 열심을 내고, 설교하는 일에는 최선을 다하지 않는 것 같아 너무 안타깝습니다.

성경은 설교를 어떻게 정의할까요? 신약성경에는 설교와 관련된 단어가 16개 이상 나타나는데 그중 설교와 가장 직접적으로 연결된 중요한 두 단어는 '케루쏘'와 '유앙겔리조'입니다. '케루쏘'는 설교 행위를 나타내는 동사로서 신약성경 전반에 걸쳐 주로 '전하다' '전파하다' 또는 '설교하다'로 번역되고 있습니다. 세례 요한이 광야에서 회개의 세례에 대해 설교할 때(막 1:4), 예수님이 회개와 천국에 대해 설교하실 때(마 4:17), 바울이 설교할 때(고전 1:23) 모두 이 동사가 쓰였습니다. 또한 바울이 디모데에게 "때를 얻든지 못 얻든지 너는 하나님의 말씀을 전파하라"(딤후 4:2)라고 명령했을 때도 동일한 단어가 쓰였습니다. 대부분의 성경은 이 구절을 '설교하다'로 번역하고 있습니다.

여기서 특별히 주목할 것은 '케루쏘'라는 단어가 왕 혹은 통치자의 메시지를 전령이 대신 선포하는 것을 의미한다는 점입니다. 이렇게 볼 때 메시지의 권위는 전하는 자에게 있지 않고 그 내용을 하사한 왕이나 통치자에게 있음을 알 수 있습니다. 전령은 그 메시지가 어떤 것이든 그것을 액면 그대로 전하는 것이 임무입니다. 따라서 설교자는 자신의 주관적인 생각을 전해서는 안 되고, 자신을 세우신 하나님께서 전파하도록 당부하신 내용만 전하는 것이 설교의 본질입니다.

설교를 나타내는 또 다른 단어 '유앙겔리조'는 신약성경에서 기쁜 소식을 전하는 행위, 즉 '복음을 전파하다'라는 의미로 사용되었습니다. 누가복음 8:1을 보면 "예수께서 각 성과 마을에 두루 다니시며 하나님의 나라를 선포하시며"라고 할 때 이 단어가 쓰였습니다. 복음서에 따르면 그리스도의 주된 설교 내용이 하나님 나라였는데, 이것은 듣는 자에게 기쁜 소식으로 전해졌습니다. 사도행전 8:4에는 예루살렘 교회에 가해진 핍박 때문에 "흩어진 사람들이 두루 다니며 '말씀을 전했다'"라고 나오는데, 이때도 '유앙겔리조'가 쓰였습니다. 이 말을 우리 성경에서는 말씀을 전하되, 기쁜 소식으로 전하는 설교의 측면을 담아내기 위해 '복음의 말씀을 전했다'로 아주 적절하게 번역했습니다.

여기서도 우리가 주목할 것이 하나 있습니다. 성도들이 핍박받는 상황인데도 그 가운데서 전해지는 설교는 기쁜 소식이라는 점입니다. 결국 어떤 상황에서 전해지든 누구에게 들려지든 설교는 오늘 하나님께서 사랑하는 영혼들을 향해 전하기 원하시는 기쁜 메시지입니다.

설교와 관련해 또 한 가지 생각해봐야 할 것은 '성령의 도우심'입니다. 설교는 목회자의 아이디어와 능력으로 하는 것이 아닙니다. 오직 성령의 도우심으로 하는 것입니다. 바울은 자신이 설교를 "말의 지혜로 하지 않았다"(고전 1:17)라고 강조했습니다. 그는 십자가에 못 박힌 예수가 유대인에게는 거리끼는 것이고, 이방인에게는 미련한 것임을 잘 알고 있었습니다(고전 1:23). 그렇기 때문에 바울은 인간적으로만 놓고 본다면 그들이 자신의 설교를 받아들이기 쉽지 않다는 것을 잘 알고 있었습니다. 그래서 그는 자신의 능력이 아닌 성령님의 도우심으로 모든 사람에게 복음의 메시지를 전하고자 노력했습니다(롬 15:19). 또한 늘 성령님의 능력을 힘입어 복음의 비밀을 담대히 전하도록 성도들에게 기도를 부탁했습니다(엡 6:19). 어느 목회자는 설교단에 오르기 전에 항상 이렇게 기도했다고 합니다. "성령님이여, 나로 홀로 가게 마옵소서. 나와 함께하지 않으시면 나는 아무것도 할 수 없습니다." 마찬가지로 우리 목회자들은 설교 사역에서 성령님의 도우심이 얼마나 중요한지를 깨닫고 그분의 도우심을 간절히 구해야 합니다.

결론적으로 성경이 말하는 설교에는 다음과 같은 특성들이 있음을 저는 늘 명심하려고 합니다. 첫째, 설교자는 복음의 전령으로 부름 받은 사람입니다. 둘째, 설교자의 임무는 자신을 소명하여 보내신 하나님 자신과 그분의 메시지를 정확하게 전하는 것입니다. 셋째, 그러므로 메시지의 권위는 전하는 사람에게 있지 않고, 그를 보내신 분에게 있음을 확신해야 합니다. 넷째, 전달되는 메시지는 듣는 자에게 좋은 소식임을 알고 주저함 없이 전해야 합니다. 다섯째, 설교는 전하는 자가 강단에서 홀로 고투하는 독립사역이 아니라 성령님의 능력과 도우심을 경험하는 성령님과의 협동사역입니다.

이런 요소들을 전부 종합해서 설교를 정의해본다면 '설교란 메신저로 부름 받은 설교자가 하나님께서 인간을 향해 가지고 계신 좋은 소식을 성령님의 능력과 도우심으로 전하는 것'이라고 할 수 있습니다. 이렇게 설교자의 소명과 하나님의 뜻과 성령님의 도우심이 만나 강단에서 말씀이 선포될 때 죽은 영혼이 화창한 봄날의 유채꽃처럼 만발할 것을, 저는 믿습니다.

## 설교에 관한 목회방침

1. 앞으로 제가 전할 설교는 선지자적인 메시지와 제사장적인 메시지가 서로 균형을 이루어 준비될 것입니다. 사실 요사이 많은 설교들이 지나칠 정도로 위로와 격려 쪽으로만 치우친 것 같습니다. 물론 교인들의 신앙생활에는 이러한 메시지도 필요합니다. 그러나 교인들이 어느 한편으로 치우친 메시지만 듣는다면 건전한 신앙생활을 하는 데 어려움이 있을 수 있습니다. 성도들에게는 부드러운 젖도 필요하지만 동시에 단단한 음식도 필요합니다.

2. 설교자는 아무래도 설교를 듣는 회중의 상태와 반응을 의식하지 않을 수 없습니다. 물론 교인들의 영육 간의 형편과 사정을 미리 헤아리고 살펴서 거기에 맞는 설교를 준비하는 것은 목회자가 취해야 할 바른 자세입니다. 하지만 설교 준비과정에서 교회 안 어느 특정인을 염두에 두고 설교를 준비하는 것은 옳지 않습니다. 또한 설교 시간에 교인들에게서 인간적인 호응을 얻으려고 설교 내용을 교인들의 입맛에 맞게 각색하는 것도 옳지 않습니

다. 그러므로 저는 여러분을 기쁘게 하는 설교는 가급적 지양하고, 설교의 주인 되시는 성부 하나님께서 기뻐하시는 말씀을 설교하도록 노력하겠습니다.

3. 여러분에게 설교를 하기 전에 그 설교 말씀에 제가 먼저 은혜받고 강단에 서도록 하겠습니다. 스스로 은혜받고 변화되지 못한 말씀을 들고 교인들 앞에 서는 설교자는 마치 강의할 내용을 충분히 숙지하지 못하고 학생들 앞에 서는 강사와 같습니다. 저는 설교 말씀을 통해서 저와 여러분이 함께 성령의 감동과 감화하심 아래 성부 하나님의 음성을 듣는 은혜의 시간이 되기를 진심으로 바랍니다. 그런 은혜의 시간이 되도록 최선을 다해 설교를 준비하겠습니다.

--------- **질의응답** ---------

질문 1  목사님께서 방금 '선지자적 메시지'와 '제사장적 메시지'를 말씀하셨는데 기왕이면 그 둘이 서로 어떻게 다른지 구체적으로 설명해주시면 좋겠습니다.

답  네, 참 좋은 질문입니다. '선지자적 메시지'는 구약의 선지자들이 하나님을 대신하여 백성에게 죄와 불의를 경고하고 책망하며 미래에 대한 비전을 선포하듯이 목사가 교인들에게 그런 성격의 메시지를 전하는 것입니다. '제사장적 메시지'는 구약 시대에 제사장들이 백성의 죄를 대속하기 위해 백성을 대신해 하나님께 제사드렸던 것과 같이 목사가 교인들의 허물을 가슴에 품고 하나님의 마음으로 그들을 위로하고 격려하며 권고하는 것입니다.

선지자적인 메시지는 사실 듣기 거북하고 마음에 큰 부담을 갖게 될 뿐만 아니라 때로는 신앙이 위축될 수도 있습니다. 반면 제사장적인 메시지는 교인들의 마음을 편안하게 해주고 삶에 새로운 용기와 희망을 품게 합니다. 물론 목사 입장에서는 제사장적인 메시지를 전하는 것이 마음의 부담도 덜하고 교인들 역시 그 편이 훨씬 더 좋을 것입니다. 그러나 제사장적인 메시지만 들은 교인들은 온실에서 자란 화초 같아서 광야와 같은 세찬 비바람이 부는 세상에서 강한 그리스도인으로 바로 서기 힘듭니다. 또 많은 경우 제사장적인 메시지는 교인들의 신앙을 개인적이고 이기적으로 만드는 경향이 있습니다.

요즘 교인들은 '회개'나 '환란', '천국과 지옥' 같은 말을 별로 좋아하지 않습니다. 그러나 성경에서 분명히 가르치고 있는 이런 신앙 주제를 외면하는 것은 교회 공동체와 신자 개인에게도 궁극적으로 유익하지 않습니다. 바울은 디모데후서 4:3-4에서 "사람이 바른 교훈을 받지 아니하며 귀가

가려워서 자기의 사욕을 따를 스승을 많이 두고 또 그 귀를 진리에서 돌이켜 허탄한 이야기를 따르리라"라고 고발하고 있습니다. 저는 여러분의 가려운 귀를 긁어주고 귀에 듣기 좋은 가볍고 부드러운 메시지만 전할 생각은 전혀 없습니다. 필요하다고 판단되면 여러분이 듣기 거북해하거나 못마땅하게 여기는 말씀도 여러분의 영혼을 깨우기 위해서라면 서슴없이 선지자적인 마음으로 외칠 것입니다.

**질문 2** 목사님, 설교가 예배에서 제일 중요하지 않나요? 다들 예배를 마치면 "오늘 설교에 은혜 많이 받았습니다"라고 목사님께 인사하잖아요? 그런데 앞에서 예배에 관해 말씀하실 때 예배가 설교의 들러리가 되면 바른 예배를 드릴 수 없다고 하셨는데, 그렇게 말씀하신 이유가 뭔가요?

**답** 우리는 그동안 설교가 예배에서 가장 중요하고 또 말씀하신 대로 예배가 끝난 직후 설교자와 인사를 나눌 때는 거의 '설교에 은혜받았다'고 합니다. 오늘날 대부분의 교회 예배에서 설교가 차지하는 위치와 비중을 볼 때 그렇게 말하는 것이 결코 과한 표현은 아닙니다. 그러나 예배 없이 설교가 있을 수 없습니다. 설교는 어디까지나 예배의 중요한 한 요소이지 예배의 전부가 아닙니다. 앞서 말씀드린 대로 예배의 요소에는 찬송도 있고 기도도 있고 헌금도 있습니다.

우리가 예배를 통해 '은혜받았다'고 고백하는 것은 성령의 감동과 인도하에 예배의 모든 요소가 함께 어우러짐으로써 나타나는 결과입니다. 그러므로 우리는 좋은 설교를 듣는 것만을 목표로 예배의 자리에 참여해서는 안 됩니다. 모든 예배 순서 하나하나가 다 귀하고 값지다는 분명한 인식을 가지고 모든 요소마다 최선을 다해 임하는 것이 올바른 예배 태도입니다. 우리가 그런 자세로 예배에 임할 때 성령께서는 통전적인 통로와 방식으로 예배자들에게 큰 은혜를 베푸실 것입니다.

**질문 3** 전임 목사님은 설교 중에 가끔 반말을 하시거나 또 교인들을 지목해서 질문을 던져 제대로 대답을 못하면 핀잔을 주시곤 했습니다. 사실 그것 때문에 마음에 상처를 받아 교회를 떠난 교인들도 있습니다. 그리고 요사이 기독교 방송에 출연하는 유명한 목사님들의 설교를 듣다 보면 시청자들에게 가끔씩 반말로 "알겠어!"라든가, "이럴 때는 아멘 해야지!"라고 하시는 분들이 계십니다. 그런 모습을 볼 때마다 '저분이 목사님 맞나?' 하는 의문이 듭니다. 목사님은 이 점에 대해 어떻게 생각하시는지요?

**답** 어느 장소를 막론하고 목회자가 설교를 할 때는 반말을 사용해서는 안 된다고 생각합니다. 은어나 속어도 마찬가지입니다. 목회자가 전하는 말씀의 주인은 설교자 자신이 아니라 거룩하신 하나님이십니다. 또한 그 말씀을 깨우쳐서 전하게 하시는 성령님은 인격적인 존재이십니다. 설교자가 성령의 다스리심 아래 설교한다면 인격적으로 하는 것은 당연합니다. 설교자가 인격적이신 성령님에게 전적으로 사로잡혀 설교한다면 결코 반말로 설교할 수 없을 것입니다.

설교자가 강단에서 습관적으로 반말을 하는 것은 자기가 그 강단의 주인이라는 의식이 내면에 있기 때문입니다. 또 앞에 앉아 있는 회중보다 자신이 영적으로 더 높은 존재라는 교만한 마음을 품고 있기 때문입니다. 그러나 설교자는 강단의 주인이 아니라 종입니다. 당연히 최대한 교양과 예법에 맞는 표현을 사용해서 하나님의 말씀을 전해야 합니다. 앞으로 저는 주일학교 교사들에게도 철저히 교육을 시켜서 어린이들에게 반말을 사용하지 못하도록 하고 싶습니다. 어린아이들도 하나님의 존귀한 자녀들이기 때문입니다.

**질문 4** 어떤 목사님을 보면 무선마이크를 착용하고 강단에서 이리저리 움직이면서 설교를 하십니다. 저에게는 그런 모습이 마치 무대 위에서 연기하는 배우 같아 보입니다. 목사님은 어떻게 생각하시는지요?

**답** 목회자가 설교 강단에서 꼭 한 자리에 고정해서 설교를 해야 하는 법은 없습니다. 예수님께서도 종종 제자들이나 군중들과 함께 거닐면서 말씀을 전하기도 하셨으니까요. 그러나 행여 설교자가 너무 과장된 몸짓이나 동작을 습관적으로 함으로써 설교 행위 자체를 희화화시키는 일은 없어야 하겠지요. 또한 설교자가 너무 요란하게 움직이면서 설교를 하다 보면 회중들이 선포되는 하나님 말씀 자체에 집중하기보다는 설교자의 동선에 시선을 빼앗길 수 있습니다. 결과적으로 설교자 자신이 예배의 주인공이 될 수도 있다는 점을 잊지 말아야 할 것입니다.

**질문 5** 솔직히 과거에는 담임목사님의 설교를 누군가가 대신 준비해 준다는 소리가 심심치 않게 들렸습니다. 저 말고도 이런 소리를 들은 교인들이 많이 있습니다. 아마 목사님이 감당해야 할 사역이 많다 보니 부득불 그렇게 하셨을지도 모르겠습니다. 그렇지만 그런 소리를 들은 저희는 설교에서 은혜받기가 어려웠습니다. 혹시 목사님께서도 바빠지시면 그럴 가능성이 있지 않으실까요? 이런 질문을 드리는 것 자체가 대단히 송구스럽습니다. 이해해주시길 바랍니다.

**답** 이 문제는 어느 한 교회만의 문제라기보다는 한국교회 안에 널리 퍼져 있는 공공연한 비밀이기도 합니다. 담임목사의 설교를 부목사가 대필하는 것뿐 아니라, 인터넷에서 어느 정도의 비용을 지불하고 설교 내용을 구입하거나, 또 유명 설교자의 설교를 무단 도용하는 경우도 있습니다. 물론 이 모든 것이 세상 기준으로 보면 불법이고 도덕적으로 파렴치한 행동임에 틀림없습니다.

목회자들이 남의 설교를 제 것인 양 속여서 전하는 데는 몇 가지 이유가 있습니다. 가장 큰 이유는 많은 목회자들이 신학생 시절에 혼자 힘으로 설교 원고를 작성하는 훈련을 충분히 받지 못한 데 있습니다. 또 한국교회 목회 현장이 지나치게 행사, 모임, 프로그램, 사람 관리 등에 치우쳐 있다 보니 정작 목회자들이 설교 준비에 진득한 에너지를 쏟기가 어렵습니다. 그리고 전 세계 어느 교회와 비교해봐도 한국교회 목회자들의 주간 설교 횟수가 단연코 많습니다. 따라서 한국교회 목회자들이 설교 준비에서 과도한 부담을 떠안고 있는 것뿐 아니라 정작 준비한 설교의 질이 떨어질 수밖에 없음도 고려해야 할 요소입니다.

이런 현실을 염두에 두고 저와 다른 교역자 모두는 어려운 가운데서도 설교 말씀 준비에 최우선 순위를 두고 스스로 설교 원고를 작성하도록 노력하겠습니다. 처음 목회철학을 설명드릴 때 언급했듯이 제 목회의 최우선 순위는 여러분을 좋은 꼴로 먹이는 일입니다. 저는 이 약속을 모든 교역자와 함께 꼭 지켜나가도록 하겠습니다.

**질문 6** 요즘 설교 시간에 영화나 드라마의 한 장면, 사진, 음악, 프레젠테이션 등을 사용하는 경우가 많은데, 여기에 대해 목사님은 어떻게 생각하시는지요?

**답** 저는 근본적으로는 예배 시간에 현대 문명의 산물인 첨단 기기를 사용하는 것에 반대하지 않습니다. 가령 구약 시대에는 이스라엘 백성이 거룩하신 하나님을 직접 뵙지 못하고 음성만 들었습니다. 그러나 신약 시대에는 성자 하나님께서 직접 사람의 몸을 입고 이 땅에 오심으로써 하나님의 백성이 그분의 영광을 직접 볼 수 있었습니다. 마찬가지로 우리가 하나님의 말씀을 청각에만 의존하는 것보다는 시각, 촉각 등 다양한 감각을 사용해서 더 입체적으로 실감나게 들을 수 있다면 그것은 굳이 반대할 일이 아니라고 생각합니다.

그러나 여기서도 분명 조심해야 할 점이 있습니다. 예배와 설교 시간에 미디어가 적극적으로 활용됨으로써 자칫하면 예배가 쇼 혹은 종교적 주제를 발표하는 장으로 변질될 수 있다는 것입니다. 우리가 습관적으로 예배를 '드린다'고 하지 않고 '본다'고 하는 것이 이런 문제를 보여주는 단적인 예가 될 수 있습니다. 뿐만 아니라 설교 시간에 미디어를 지나치게 자주 사용하면 메시지를 보다 더 효율적이고 자극적으로 전달하려는 공학적인 측면만을 강조함으로써, 결국 설교의 참 주인이신 성령의 역사보다는 인본주의적인 방법론에 더욱 의존하게 만들 수 있다는 것입니다. 저는 이런 부정적인 측면들을 숙고하면서, 꼭 필요한 경우에 한해서만 미디어를 사용하도록 하겠습니다.

# 6장

사역방침설명회:
교육

## 교육

일반적으로 우리가 쓰는 '교육'이라는 단어는 '이끌어내다'라는 말에서 유래했습니다. 인간의 잠재력을 밖으로 이끌어내도록 돕는 것이 바로 교육이라는 뜻입니다. 그러면 무엇을 이끌어낸다는 말입니까? 이 물음에 대해 세상과 성경은 각기 다른 대답을 내놓습니다.

오늘날 세상에서는 인간의 본성이 본래 선하다는 성선설에 기초하여 교육에서 학습자의 '변화'를 가장 중요하게 다룹니다. 하지만 성경은 범죄 후 타락한 인간의 본질 안에는 도무지 끌어낼 만한 선한 것이 없다고 주장합니다. 그래서 오직 하나님의 은혜로만 파괴된 하나님의 형상을 회복할 수 있다는 신본주의적 교육관을 강조합니다. 교회는 이 같은 교육 목표 아래 교인들이 하나님을 아는 것과 믿는 것에 하나가 되어 그리스도의 장성한 분량까지 자라도록 돕는 공동체인 것입니다(엡 4:13).

교회는 한 사람이 그리스도인으로서 태어나고, 자라며, 거룩해져 가는 평생학습 공동체입니다. 다시 말하면 학습자인 성도가 인생 전체에 걸쳐 구원을 얻고, 성화되며, 이 세상의 빛과 소금으로 그리스도께서 분부하신 땅 끝까지 복음을 전하는 지상대명령을 준행하도록 교육하는 기관이 바로 교회입니다. 따라서 교회야말로 인생의 가장 중요한 학교입니다. 그렇다면 학교로서 교회는 어떤 고유한 특성이 있을까요?

첫째, 교회의 신앙교육에 진정한 권위를 갖고 계신 교사는 성령님이십니다. 교육자가 경험과 능력이 부족할 때 성령님을 의지하면 그분은 학생들에게 어떻게 다가가고 무엇을 가르칠 것인지에 대한 지혜를 주십니다. 교육 내용은 성경입니다. 성경 66권은 성령에 감동된 저자들에 의해 기록되었기에 그것을 읽고 묵상하고 실천하는 사람을 변화시키는 능력이 있습니다(히 4:12).

둘째, 복음서에 나오는 예수 그리스도의 교육 방법에는 인간을 전인적으로 변화시키는 혁명적 요소가 있습니다. 예수님의 교육현장은 교실이라고 하는 특정한 공간에 얽매이지 않았습니다. 예수님의 교실은 하나님께서 창조하신 세상 그 자체였습니다. 그분은 하늘의 철새와 들에 핀 백합화를 교재로 사용하여, 메시지를 더욱 명확하게 이해시키는 시청각 교육의 달인이셨습니다. 또한 자신이 전달하고자 하는 메시지만 강조한 것이 아니라 청중의 참여도를 높이기 위해 학습자의 동기, 욕구, 연령에 따른 발달 상태를 고려하셨습니다. 예수님은 청중과 인격적으로 소통하셨으며 역동적인 소그룹 활동을 통해 그들의 삶을 변화시키고 치유하셨습니다.

셋째, 무엇보다 예수님의 교육 과정은 시종일관 사랑에 기초하고 있습니다. 그분은 자신이 가르친 메시지와 걸어가신 삶이 일치했습니다. 전능하신 하나님이셨지만 자기를 비우고, 이 낮은 땅에 내려와 십자가에 달리시기까지 순종하신 그분의 성육신 모델은 이웃을 내 몸과 같이 사랑하라는 아가페의 사랑에 기초해 있습니다.

넷째, 교회교육의 교과과정은 인생의 시간적 흐름과 궤를 같이하는 '평생교육'과 성경의 구원사적인 흐름에 맞춰 조직된 '절기교육'이 씨줄과 날줄처럼 공교하게 짜여 있습니다. 이런 구성 속에서 신자는 학습, 세례(침례), 입교, 결혼, 장례로 이어지는 예식을 직간접적으로 경험하면서 신앙이 성장해갑니다. 또한 대강절, 사순절, 부활절, 오순절, 추수감사절, 성탄절을 통해 그리스도의 순례의 길에 매년 동참하며 주님의 마음을 닮아갈 수 있습니다.

다섯째, 교회교육 현장은 교회뿐만 아니라 각 가정에까지 확장됩니다. 구약시대 아버지가 가족 구성원 모두의 신앙을 책임진 것처럼 부모가 자녀들에게 예배, 신앙적 대화, 삶의 역할 모델을 제시해줌으로써 가장 중요한 교사의 역할을 할 수 있어야 합니다. 그런 면에서 기독교 교육은 세대통합적이라고 할 수 있습니다.

오늘날 교회 안에 이제 교회교육은 일반교육을 도저히 따라갈 수 없다는 냉소주의가 만연해 있는 것이 사실입니다. 교회교육을 오해한 탓입니다. 오히려 교회교육의 원리를 일반교육에 적용할 때 현대교육이 풀 수 없는 문제들에 교회가 바른 대안을 제공할 수 있습니다. 실제로 종교개혁자들은 교회교육을 통해 영적·도덕적·정치적으로 부패한 사회의 모순을 극복하고 그 사회를 정화하고 변혁시켰습니다. 이제 우리 시대의 교회교육 역시 그 본질적인 기능을 바르게 정립함으로써 목적과 의미를 잃고 방황하는 현대교육에 새로운 방향을 제시할 수 있어야 합니다.

### 교회교육에 관한 목회방침

1. 앞서 설교와 교육, 치유는 교회를 섬기는 3대 목표라고 말씀드렸습니다. 저의 목회에서 교육은 교인들의 삶을 성경적으로 지도하고 양육할 중요한 수단입니다. 구체적으로는 영아부에서부터 장년부에 이르기까지 종합적인 교회교육 교과과정을 만들 생각입니다. 그리고 이 일을 위해서 교회교육만 전담하는 실력 있는 교육목사님을 모실 예정입니다. 교육목사님을 중심으로 우리 교회 교육 전문가들이 참여하는 교육위원회를 만들어 교회교육의 현실과 미래를 논의하고, 그것을 토대로 합당한 교과과정을 만들어 교재 개발은 물론 교사를 훈련시키는 일도 담당하게 할 것입니다. 교회교육에 우리 교회의 백년대계가 걸려 있다는 일념으로 교육에 많은 시간과 물질을 투자하겠습니다.

2. '교회는 졸업 없는 학교'라는 인식을 교인들에게 각인시키겠습니다. 우리 교회에 정식 교인으로 등록하는 사람은 이 교회를 떠날 때까지 교회를 영적인 배움의 공동체로 알고서 부단한 교육과 훈련을 받아야 함을 이해하도록 돕겠습니다. 주일 오후에는 예배 대신에 모든 성도가 함께 참여하는 성경공부를 하고, 평일에는 교인들이 신앙의 정도와 필요에 따라 성경을 배우는 교과과정을 개설하고, 점차 그 폭을 넓혀서 성경과 신학과 삶을 포괄하는 많은 배움의 기회를 제공할 계획입니다.

3. 교회교육 성공의 가장 중요한 요소는 현장에서 교육을 실제로 담당할 교사라고 생각합니다. 그래서 우리 교회는 교사 양성 프로그램을 3년 과정으로 정해놓고 봄학기와 가을학기로 나누어 유능한 강사들을 초청해서 수준 높은 훈련을 시킬 것입니다. 교사들이 훈련받을 과목은 가령 신구약성경개론, 한국 및 세계 교회역사, 기독교교리, 상담학, 발달심리학, 학습교수법 등을 생각할 수 있겠습니다. 뿐만 아니라 외부 강사에 의존하지 않고 자체적으로도 항시적으로 교사들의 자질과 실력 향상을 위한 교과과정을 개발하여 시행하겠습니다.

4. 앞서 밝힌 대로 '가정은 작은 교회'라는 철학에 따라 교인들이 가정에서 신앙교육을 실천할 수 있도록 목회적 지원을 아끼지 않

겠습니다. 먼저 각 가정에서 정기적으로 가정예배를 드릴 수 있도록 배려하고 격려하는 일부터 시작하겠습니다. 그리고 성도 한 분 한 분이 매일 스스로 경건훈련을 할 수 있는 자료를 준비해 제공하겠습니다.

5. 지금까지 해오던 제자훈련을 당장에 없애거나 바꾸지는 않겠지만, 적절한 때가 되면 약간의 변화를 주겠습니다. 단순히 이론 중심의 제자훈련이 아닌 성경의 가르침과 현실의 삶을 긴밀히 연결시키는 교과과정과 교재를 개발하여 학습하는 시간을 가질 것입니다. 동시에 현대사회의 복잡한 이슈들을 기독교적으로 사유하고 성찰할 수 있는 소위 인문학적인 소양을 함양할 수 있는 과정도 만들겠습니다.

6. 어린이 주일학교나 청소년 부서가 교회교육의 변방 혹은 악세사리 수준에 머무는 것이 아니라 당당히 중심에 자리할 수 있도록 더욱 많은 관심과 열정을 쏟겠습니다. 가장 바람직한 교회교육의 형태와 과정은 어린 시절부터 체계적인 신앙교육을 받는 것이기 때문이고, 또 한 가지 이유는 오늘날 한국교회 안에 다음 세대가 거의 사라졌다는 절박한 문제 때문입니다. 믿음의 선조들이 물려준 신앙 유산을 다음 세대에게 온전히 계승하기 위해서는 어린이 주일학교 교육에 대한 투자를 더 이상 방치할 수 없습니다.

---------- **질의응답** ----------

**질문 1** 목사님께서 교육의 중요성을 설명은 해주셨지만 더 구체적인 복안이나 청사진을 말씀해주시면 좋겠습니다.

**답** 제일 먼저 교회에 교육목사제를 도입하겠습니다. 그리고 교육전문가들로 구성된 교육위원회를 구성하겠습니다. 교육목사님과 교육위원회가 중심이 되어 교회교육에 관한 모든 내용을 총괄하게 할 것입니다. 그리고 청장년과 중고등부, 그리고 어린이 주일학교 교육 전체를 연계하는 교과과정을 만들겠습니다. 청년들의 교육 과정에는 중급 이상의 신앙교육 외에도 취업, 직장생활, 결혼 등 청년들이 실제로 직면한 문제들에 대한 해답을 성경적으로 모색할 수 있는 내용을 담겠습니다. 중고등학생들을 위해서는 적성과 진로 선택, 청소년기의 혼란과 갈등 처리 문제 등을 포함하여 그리스도인 청소년으로서 바른 삶의 가치관을 형성하도록 도울 것이고, 어린이 주일학교 학생들에게는 기초적인 신앙교육과 함께 올바른 삶의 습관과 인성을 가르치는 교육을 실시할 것입니다. 특히 자녀를 두신 부모님들을 위해서는 행복한 가정을 세우는 데 도움이 되는 교과과정을 만들 것입니다. 물론 초고령 사회를 맞이하여 중년과 노년기의 성도님들을 위한 독자적인 교과과정도 개발할 예정입니다.

**질문 2** '교회는 졸업 없는 학교'라는 말씀이 참으로 신선하게 들립니
다. 그동안 우리 교회에는 제자훈련을 비롯한 많은 성경공부 과정
이 있었고 지금도 그런 교육 프로그램이 진행되고 있는 걸로 압
니다. 하지만 이런 많은 훈련 과정이 유명무실하게 운영되고 있는
것도 어느 정도는 사실입니다. 따라서 진짜 문제는 교육 과정이
부재한 것이 아니라 그것이 신자들의 신앙과 삶에 영향을 미칠 수
있게 얼마나 체계적이고 현실적으로 구성될 수 있는가와 거기에
대한 교인들의 관심과 참여를 유발할 수 있는가라고 봅니다. 목사
님께서는 '교회는 졸업 없는 학교'라는 교육 철학을 어떤 식으로
현실화시킬지에 대한 구체적인 방안이 있으신지요?

**답** 에베소서 4:13에는 "우리가 다 하나님의 아들을 믿는 것과
아는 일에 하나가 되어 온전한 사람을 이루어 그리스도의
장성한 분량이 충만한 데까지 이르리니"라고 말씀하고 있
습니다. 이 말씀에 기초하여 우리 교회의 교육 프로그램은
크게 두 가지 요소로 구성하려고 합니다. 하나는 하나님의
아들을 믿게 하는 것이고, 다른 하나는 하나님의 아들을 알
게 하는 것입니다. 지금 우리 교회가 진행하고 있는 교육 프
로그램을 크게 이 두 범주로 구분해서 다시 한 번 재구성하
겠습니다.

그리고 이외에도 꼭 필요하다고 생각되는 훈련 과정은
교육위원회에서 의논하여 개설하도록 하겠습니다. 그러나

중요한 것은 새로운 무언가를 끊임없이 만드는 것이 아닙니다. 지적하신 대로 그 프로그램이 교인들에게 적절한 동기부여를 일으켜서 강제성을 띠지 않고도 자발적으로 교육 과정에 참여해야겠다는 의지를 불러일으킬 수 있느냐가 관건입니다. 따라서 이 문제는 교회가 준비하고 제공하는 교육 과정이 얼마나 성경적이고 현대적인 동시에 교인들의 실제 관심사와 밀접한 관련을 맺을 수 있는가와 더불어 여러분도 능동적이고 적극적으로 이런 문제에 관심을 갖고 참여해주셔야 해결될 수 있습니다.

그리고 앞으로는 교회에서 직분을 받아서 봉사하려고 하는 사람은 적어도 이런 일련의 교육 프로그램 과정을 어느 수준 이상 수료하신 분 가운데서 세우려고 합니다. 각급 주일학교 교사와 성가대원들도 모두 이런 과정을 이수한 분들이 맡아서 섬기도록 우리 교회의 문화와 관행을 서서히 바꿔나가겠습니다.

질문 3 저는 교회에서 장년부 부장으로 오래 섬겨온 장로입니다. 교회 장년들 가운데는 어느 정도 배우고 나면 "나는 배울 만큼 배웠어"라고 하며 더 이상 교회교육에 참여하지 않는 경우가 많습니다. 목사님께서는 '교회를 졸업 없는 학교'라고 하셨는데 어떤 방법으로 교회를 오래 출석한 교인들에게도 항상 배우고자 하는 학습 의지를 불러일으킬 생각이신지요?

**답** 장로님, 질문주셔서 감사합니다. 이 문제에 답하기 전에 여러분께 로마서 8:29-30 말씀을 읽어드리겠습니다. "하나님이 미리 아신 자들을 또한 그 아들의 형상을 본받게 하기 위하여 미리 정하셨으니 이는 그로 많은 형제 중에서 맏아들이 되게 하려 하심이니라 또 미리 정하신 그들을 또한 부르시고 부르신 그들을 의롭다 하시고 의롭다 하신 그들을 또한 영화롭게 하셨느니라." 이 말씀은 우리의 신앙에 대해서 세 가지 가르침을 줍니다. 첫째, 구원은 전적으로 하나님의 일입니다. 둘째, 구원은 일생 전체에 걸쳐 진행됩니다. 셋째, 구원의 목표는 예수 그리스도의 형상을 본받는 것입니다. 그런 점에서 이 말씀은 우리가 이 땅에 사는 동안 평생에 걸쳐 신앙훈련을 받고 배워야 함을 의미합니다. 단, 한 가지 여기서 절대 놓치지 말아야 할 점은 교회교육에 참여하는 것을 무슨 프로그램 하나를 이수하는 개념으로 받아들이면 안 된다는 것입니다. 우리가 교회교육을 통해서 신앙훈련을 받는 목적은 궁극적으로 예수님의 성품을 배우고 닮아가는 데 있습니다. 바로 그런 이유로 우리는 평생토록 배우고 익혀야 하는 것입니다.

그리고 제가 좀 더 솔직히 말씀드리면, 저는 우리 교회 어르신들을 신앙교육이라는 명목하에 마냥 교회에 붙들어

놓고 성경공부나 교리 교육만을 시켜드릴 생각은 없습니다. 물론 그런 공부도 필요하지만, 오늘날처럼 평균수명이 80대 후반에 육박하는 세상에서 우리 교회 어르신들이 중년 또 노년기를 예수 그리스도 안에서 얼마나 아름답고 풍성하게 보내실 수 있는지에 관한 문제들과 연계하여 다양한 교육적·공동체적 지원을 해드리고 싶습니다.

질문 4 목사님께서 부임하셔서 살펴보신 대로 우리 교회는 그 동안 청년대학부에 많은 관심을 기울여왔습니다. 물론 관심과 투자에 비해서 열매가 많았다고 말하기는 어려울지 모릅니다. 그런데 목사님께서는 앞으로 특별히 영유아유치부에 많은 투자를 하시겠다고 하셨는데 그렇게 하시는 특별한 이유가 있으신지요?

답 네, 물론 그럴만한 이유가 있습니다. 성경에 보면 "어린아이들이 내게 오는 것을 용납하고 금하지 말라…누구든지 하나님의 나라를 어린아이와 같이 받아들이지 않는 자는 결단코 거기 들어가지 못하리라"(눅 18:16-17)라는 말씀이 있습니다. 어린아이는 마치 백지와 같습니다. 그 백지에 어떤 글을 쓰고 어떤 그림을 그리느냐에 따라서 그 어린아이의 평생의 삶의 방향과 내용이 만들어지는 겁니다. 저는 우리 교회 어린이들의 백지와 같은 마음에 제일 먼저 '하나님 나라'를 써주고 싶습니다.

물론 그렇다고 해서 다른 교육 부서를 소홀히 하겠다는 말은 결코 아닙니다. 당연히 청년대학부도 지금까지 교회에서 해온 것 이상으로 사랑과 관심을 가지고 지원할 것입니다. 이 점에 대해서는 오해가 없으시기를 바랍니다.

**질문 5** 저는 우리 교회 청년대학부를 오랫동안 섬겨온 집사입니다. 제가 그동안 교육 부서에서 봉사하면서 경험한 바로는 청년대학부가 주로 담당 교역자에게 맡겨진 상태에서 거의 방치되기 때문에 교역자가 바뀌면 교육뿐만 아니라 부서의 색깔까지도 완전히 바뀌는 일이 늘 반복된다는 것입니다. 교회가 지향하는 가치와 성격에 맞춰 청년대학부가 통일성과 일관성을 유지하도록 교회에서 무슨 방법을 강구해야 하지 않을까요?

**답** 집사님, 참 귀중한 지적을 해주셨습니다. 지금 말씀하신 문제는 단순히 청년대학부만의 문제가 아니라 교육 부서 전체에 해당되는 일일 것입니다. 각 부서의 담당 교역자가 바뀌면 해당 부서의 방향과 색깔이 전부 바뀌는 일이 되풀이된다는 것은 달리 말하면 교회가 교육의 중요성을 제대로 인식하지 못하고 있다는 것이고, 교회의 중장기 청사진이 없다는 말과 같습니다. 저는 이 교회의 담임목사로 부임했습니다. 이 말은 제가 우리 교회에 출석하는 '모든' 성도들의 목회자로 세움을 받았다는 뜻입니다. 그렇다면 제가 우리 교회 모든 세대의 교육에 궁극적인 책임을 지는 것이 당연합니다.

이 자리를 빌려서 여러분과 나누고 있는 제 목회철학은 앞으로 영아부에서 노년부에 이르기까지 전 부서와 기관에서 공통적으로 시행될 것입니다. 이를 위해 최우선적으로 교회학교 전체가 통일성을 갖고 사용할 수 있는 체계적인 성경공부 시스템을 개발하겠습니다. 또한 제가 교육 담당 교역자들과 지속적으로 함께 대화하고 연구해서 담임목사의 목회철학이 교회교육 현장에서 구현되고 작동될 수 있게 하겠습니다. 교육 부서에 새로운 교역자를 초빙할 때는 우리 교회 교육 현장이 담당 교역자의 실험 공간이 아닌 수련 공간이 되도록 엄격히 관리하겠습니다. 그리고 교회학교에서 시행되는 크고 작은 모든 일들은 철저히 문서로 남겨서 교회 역사의 사료적 기능을 함과 동시에 그 부서의 모든 활동이 매뉴얼화되도록 하겠습니다. 이런 노력들을 통해서 비단 청년대학부뿐만 아니라 어떤 교육 부서든 담당 교역자가 바뀐다고 해도 전체 목표와 방향에 큰 흔들림 없이 일관되게 운영할 수 있도록 하겠습니다.

**질문 6** 앞으로 목사님께서도 더욱 자세히 파악을 하시겠지만 저희 교회에는 결혼 적령기를 넘긴 자매들이 형제들보다 훨씬 더 많습니다. 목사님께서 특히 건강하고 행복한 가정에 대해서 깊은 관심을 갖고 계시다고 하셔서 드리는 말씀인데요, 이들이 너무 늦지 않게 결혼해서 가정을 이룰 수 있도록 목사님께서 특별히 생각하시는 게 있으신지요?

답 참 어려운 질문이군요. 이 문제는 비단 우리 교회만 겪고 있는 것이 아니라 한국교회 전체가 직면한 문제이기도 합니다. 나아가 한국사회 전체가 풀어야 할 문제이기도 하고요. 한국사회가 신자유주의의 물결에 휘둘리면서 고용 없는 성장과 극심한 양극화의 덫에 빠져 있다 보니, 젊은이들이 취업이나 결혼에 큰 어려움을 겪고 있습니다. 또 젊은이들이 결혼을 해도 자기 집을 마련한다거나 아이를 낳는 것을 대단히 어렵게 생각하지요. 따라서 이 문제는 교회만의 노력으로 손쉽게 해결될 수 있는 성질의 것은 아니고 우리 사회 전체가 머리를 맞대고 풀어야 할 숙제입니다. 계속 이렇게 가다 보면 국가사회 전체에 큰 위기를 초래할 수 있기 때문입니다.

그렇지만 이런 현실에서 우리가 하나님을 믿는 사람들로서 해야 할, 그리고 할 수 있는 일들이 있다고 생각합니다. 먼저 교회 기성세대가 젊은 청년들의 진로와 결혼을 위해서 지속적으로 관심을 갖고 기도해주는 것입니다. 또 여러 가지 이유로 결혼 적령기를 놓친 청년들, 질문하신 것처럼 특별히 자매들을 이상한 시선으로 보거나 뭔가 문제가 있는 사람처럼 대하거나 혹은 인생의 한 부분을 실패한 사람처럼 생각하는 문화를 극복하는 것입니다. 필요하다면 싱글도 또 하나의 소명 혹은 라이프스타일일 수 있다는 여유로운 마음으로 교회 안의 싱글 청년들을 자연스럽게 대해 줌으로써 이들이 교회생활에 불편한 감정을 느끼지 않도록 배려하는 것이 중요합니다. 동시에 지나치게 결혼 자체에만 초점을 맞춘 나머지 교회 청년들이 불신 청년들과 무분별한 교제를 하지 않도록 어느 정도의 가이드라인 제시도 필요하겠습니다. 물론 가장 좋은 방법은 우리 교회 남녀 청년들 사이에서 좋은 감정을 갖고 결혼에 골인하는 사례가 많이 나오는 것 아닐까 합니다(웃음).

**질문 7** 목사님께서도 아시다시피 교육은 문제해결의 성격보다는 예방 차원의 성격이 짙다고 생각합니다. 교회교육도 마찬가지고요. 그렇다면 가령 이혼이나 자살 등 오늘날 사회적으로 대두되는 문제에 대해 교회는 교인들을 어떻게 교육시켜야 할까요?

**답** 이 문제는 교회교육에만 국한된 것이라기보다는 기독교 신앙의 본질과 관련된 문제입니다. 기독교 신앙은 단순히 어떤 종교를 하나 갖고 또 그 종교가 마치 몸에 달고 다니는 악세사리처럼 자신의 삶의 한 부분을 치장하는 것이 아니라 한 사람의 세계관 전체를 규정하며 변혁시키는 것입니다. 그렇게 볼 때 기독교 신앙을 가진 사람이 쉽게 자살하거나 이혼하는 것을 교회가 용납하거나 방치해서는 안 된다고 생각합니다. 성경이 그러한 것을 아무렇게나 용인하지 않기 때문입니다. 그럼에도 그리스도인이 이혼이나 자살을 쉽게 하는 것은 성경의 가르침을 제대로 알지 못하기 때문이고 그것은 결국 교회가 성경대로 교인들을 가르치지 않았다는 이야기입니다. 그러므로 저는 앞으로 성경의 정신과 가치관에 따라 교인들을 바르게 가르치는 일에 힘쓰겠습니다.

그러나 이 문제를 취급하는 데 율법주의적인 태도만을 고집하지는 않겠습니다. 어떤 분들은 심한 우울증이나 견디기 어려운 문제 때문에 더 이상 참지 못하고 자살을 시도하거나, 역시 비슷한 이유로 불가피하게 가정이 깨지는 경우들이 있으니까요. 그래서 평소 이런 위험에 노출된 분들을 가까이 하면서 고민을 나누고 문제 해결을 위해서 기도하며 노력하는 등 목회적 배려와 지원을 아끼지 않겠습니다. 또 사람이 할 수 있는 최대한의 노력을 했음에도 원치 않게 이런 아픔을 겪는다면, 그때는 그런 분들을 우리가 판단하거나 비난하고 정죄하는 것이 아니라 품어주고 위로하며 기도해줄 수 있는 성숙하고 따뜻한 공동체가 되었으면 합니다.

**질문 8** 이제 우리 사회는 초혼만큼이나 재혼이 점점 더 보편화되어 가고 있습니다. 그러나 교회는 여전히 이 문제를 부정적으로 보는 것 같습니다. 그래서 재혼한 분들이 교회는 출석하지만 적극적으로 공동체 생활을 하지 못하고 조용히 예배만 드리는 경우가 대부분입니다. 만일 교우 중에 재혼을 준비하려는 사람이 있을 때는 어떻게 준비하는 것이 성경적으로 바른지 목사님의 조언을 듣고 싶습니다.

**답** 결혼에 관한 성경의 기본적인 가르침은 "남자가 부모를 떠나서 아내와 합하므로 한 몸이 되는 것"(창 2:24)입니다. 성경은 "한 몸이 된 것은 하나님께서 짝지어 주신 것이므로 사람이 나누지 못한다"(마 19:6)라고 하셨습니다. 그러나 사람은 연약한 존재라 여러 복합적인 원인에 의해 하나님의 이러한 가르침을 깨뜨리고 첫 결혼을 무효화시키는 경우가 있습니다. 대단히 가슴 아픈 일입니다.

그럼에도 다시 가정을 이루려는 마음을 갖는 것은 좋은 일입니다. 사람이 독처하는 것이 하나님 보시기에 좋지 않기 때문입니다. 그러나 재혼을 준비하는 분들이 결혼 전에 반드시 해야 할 일이 있습니다. 곧 '회개'하는 일입니다. 하나님이 처음 맺어주신 가정을 깬 것에 대해서 철저히 회개해야 합니다. 가정이 해체된 것이 자신의 실책이 아니라 할지라도 말입니다. 먼저 이 문제를 두고 하나님 앞에서 깊은 반성과 회개가 선행되어야 하며 더 나아가 헤어진 과거의 배우자를 진심으로 용서하고 그를(그녀를) 축복하는 긍휼의 마음을 갖는 것입니다. 이러한 과정을 무시한 채 재혼하는 일은 그리스도인의 바른 태도가 아닙니다.

앞서도 언급했듯이 저는 결혼과 가정의 중요성에 대해서 지속적으로 여러분을 일깨울 것입니다. 가정사역에서 중요한 것은 첫째는 예방사역입니다. 결혼준비학교나 결혼예비상담 프로그램 등을 통해서 청년들이 장차 결혼 생활에서 맞닥뜨리게 될 갈등상황에 지혜롭게 대처하는 법을 나눔으로써 혹시 있을지 모를 시행착오를 최대한 줄여주고자 합니다. 둘째는 치유 사역입니다. 이미 가정의 해체를 경험하고 혼자 되신 분들이 건강한 자아상을 회복하고 또 경제적으로 자립할 수 있게 중보하며, 나아가 다시 가정을 이루려는 분들을 위한 재혼 프로그램을 마련해서 해당되는 분들을 돕고 싶습니다.

질문 9 목사님, 그동안 세례문답이나 학습교육을 받을 때면 늘 당일에 와서 대충 교육을 받고 간단한 설문지를 적은 후 성례식에 참여했습니다. 제가 일전에 본 책에서는 학습세례 교육 과정을 소홀히 하는 것을 한국교회 타락과 쇠퇴의 주 원인으로 꼽았습니다. 목사님께서는 앞으로 세례문답과 학습교육을 어떻게 진행하실 계획이십니까?

답 앞서 성례식을 다루면서 성찬식은 가급적 자주 시행하되 세
례식은 신중하게 할 것이라고 말씀드렸던 것을 다시 상기
시켜드리고 싶습니다. 다시 말씀드립니다만 학습세례 교육
과 시행은 원칙에 맞춰 철저하고 엄격하게 하겠습니다. 앞
으로 학습자 문답과 세례식을 특정 절기에 임박해서 급박
하게 진행하는 일은 없을 것입니다. 일관된 교과과정을 따
라 평상시에 항시적으로 진행하겠습니다. 또한 특별히 다른
교육과정과는 달리 세례자·입교자를 위한 교육은 담임목사
인 제가 직접 맡아서 진행하겠습니다.

7장

사역방침설명회:
인사행정

## 인사행정

갈수록 교회도 인적 자원을 관리하는 일이 점점 더 중요해지고 있습니다. 교회야말로 사람이 핵심 요소이자 가장 중요한 자원이기 때문입니다. 성경은 사람을 잘못 관리하면 교회가 엄청난 혼란에 빠지게 되고 따라서 바로 설 수 없음을 보여줍니다(행 6:1-6).

성경에서 하나님의 구원 계획은 사람을 선택하는 일에서부터 시작됩니다. 아브라함, 모세, 다윗, 베드로, 바울 등 성경의 탁월한 일꾼들은 모두 하나님의 인사행정 결과라고 볼 수 있습니다. 또한 성경에서 "추수할 일꾼이 적으니 그러므로 추수하는 주인에게 청하여 추수할 일꾼들을 보내주소서 하라"(마 9:38)라고 명령하는 것은 교회의 인적 자원 관리가 얼마나 중요한지를 단적으로 보여줍니다.

바울은 목회 서신에서 교회 직분의 자격 기준을 제시합니다(딤전 3장; 딛 1장). 또한 에베소서 4:11-12에서는 교회 직분자를 세우는 목표가 무엇인지를 설명하고 있습니다. "그가 어떤 사람

137

은 사도로, 어떤 사람은 선지자로, 어떤 사람은 복음 전하는 자로, 어떤 사람은 목사와 교사로 삼으셨으니 이는 성도를 온전하게 하여 봉사의 일을 하게 하며 그리스도의 몸을 세우려 하심이라."

이 말씀은 교회의 인적 관리에는 세 가지 목표가 있음을 알려줍니다. 첫째는 '성도를 온전케 함'입니다. 여기서 '온전케 한다'(καταρτισμόν)는 말은 교회를 섬김과 돌봄에 있어서 사람이나 물건을 능동적으로 적절하게 배치시키기 위해 '구비한다'(具備: Equipping)는 말입니다. 둘째는 '봉사의 일을 하게 함'입니다. 여기서 '봉사'(διακονίας)란 교인들로 하여금 '섬김의 일을 하도록' 한다는 말입니다. 본래 성경은 직무나 그 직무를 수행하는 직분 등을 말할 때 세속적인 직분의 개념을 사용하지 않고 언제나 '봉사'라는 단어를 사용했습니다. 따라서 교회 인사행정의 목표는 '섬기는 자'(διάκονος)로 세우고자 함입니다. 셋째는 '그리스도의 몸을 세우기 위함'에 있습니다. 교회의 인사행정은 그리스도의 몸을 세우는 데 궁극적인 목적을 두고 실천되어야 합니다. 교회의 행정책임자로서 목회자는 자신의 교회를 세우기 위해 인적 자원을 운영하고 관리하는 것이 아니라 그리스도의 교회를 세우려는 데 초점을 맞춰야 합니다.

교회 인적 자원의 관리와 운영은 사회 일반의 인사관리와 비교하여 다음과 같은 특성이 있습니다. 첫째, 교회의 인사는 합리성, 능률성, 생산성보다 신앙과 덕이 강조됩니다. 둘째, 사례를 받는 소수의 전임 사역자를 제외하고는 대부분의 인력을 교회 안에서 자원봉사자로 충원합니다. 셋째, 교회 봉사자의 가장 중요한 자격요건은 소명감이기 때문에 실적주의보다는 헌신성이 더 강조됩니다. 앞으로 저는 교회의 고유한 특성과 더불어 사회 일반과 공유할 수 있는 특성들을 잘 결합하여 합리적이고 공평무사한 인사행정을 펼침으로써 여러분 모두가 공감하고 만족할 수 있는 목회를 하도록 하겠습니다.

### 인사행정에 관한 목회방침

1. 어느 조직과 마찬가지로 교회 인사도 공정과 공평이 가장 중요합니다. 저는 교회 인사관리를 하는 데 교회 내부적으로는 파당이나 정실에 의해 자리를 나누거나 로비가 없게 할 것이며, 교회 외부적으로는 부당한 압력이나 부정한 방법이 동원되지 않게 할 것입니다. 투명하고 공정한 인사행정을 통해 그 어떤 시비나 잡음도 없이 깨끗하게 관리하겠습니다.

2. 전임 사역자를 청빙하거나 또는 교회 직분자를 선출할 때, 그리고 각 부서에서 일할 봉사자들을 임명할 때 인간적인 조건을 고려하거나 거기에 얽매이지 않겠습니다. 예컨대 지연이나 학벌 또는 인맥이나 재력, 사회적 지위나 명성을 고려하지 않고 각자

의 소명과 은사와 건덕에 따라 모든 사람을 공평하고 공정하게 취급할 것입니다. 모든 인사 관리의 원칙은 목회 서신의 가르침에 근거하여 시행하겠습니다.

3. 전임 사역자를 모시는 일은 당회 및 인사위원회와 긴밀한 협의를 통해서 결정할 것이며, 직분자와 봉사자는 먼저 은사 계발 프로그램을 통해서 인재를 발굴하고 또 교회의 교육 프로그램을 통하여 자질과 소양을 준비시키겠습니다.

4. 교회 직분자로 선출된 사람들은 성경과 교단법에 따라 엄격하고 철저한 교육을 받게 함으로써 교회를 섬기는 데 부족함이 없게 하겠습니다. 특히 직분자 선출에는 성경의 가르침을 따라 가족들의 반응을 중요한 기준으로 삼겠습니다.

5. 저와 함께 동역할 전임 사역자들은 언제라도 담임목사로 청빙 받을 수 있는 자격요건을 갖추도록 인격과 영성, 직능 등 모든 면에 걸쳐 잘 준비할 수 있게 돕겠습니다. 또한 전임 사역자가 아닌 교육 담당 교역자들에게는 가급적 교회에서 전액 장학금을 지원하여 최대한 학업에만 전념할 수 있도록 배려하겠습니다.

6. 교역자들이 사역을 수행하다가 책임질 일이 발생했을 때에는

언제나 최종적인 책임은 제가 지는 것을 원칙으로 하겠습니다. 제가 이 교회의 담임목사로서 하나님과 공동체 앞에서 그 성패에 대한 최종 책임자이기 때문입니다. 그러나 그런 일이 생기지 않도록 사전에 철저한 교육과 훈련을 시킬 것을 약속드립니다.

7. 과거 우리 교회의 인적 자원 관리는 주로 정실 위주였던 것으로 보입니다. 그래서 유력한 성도의 판단과 의견에 따라 교회 직원의 보직이 좌우되지 않았나 싶습니다. 하지만 앞으로는 이런 부분들을 철저히 지도 감독하겠습니다. 그렇다고 실적 위주의 인적 자원 관리 방법이 옳다는 얘기는 아닙니다. 예를 들면, 전도사가 담당 부서를 성장시킬 능력이 없으면 당장 그만 두어야 한다는 사고방식이 팽배한 것은 교회의 본질을 생각할 때 매우 위험한 사고방식입니다. 그럼에도 정실 위주의 인사보다는 실적 위주의 인사 행정이 인사 관리의 측면에서 더 개방적이며 공개적이고 진취적입니다. 앞으로는 이 두 요소를 잘 절충하여 조화를 이루어가면서 인적 자원 관리에 빈틈이 없도록 하겠습니다.

### 질의응답

질문 1 교회 직분자를 선출할 때 비록 자격이 조금 부족하다고 해도 막상 직분을 맡기면 열심히 봉사하겠다는 말을 그동안 많이 들어왔습니다. 그리고 실제로 그런 경우들도 많이 봤고요. 그런데 목사님의 방침대로라면 처음부터 철저하게 준비가 되어야 교회를 위해서 일할 수 있을 것 같은데 과연 그렇게 해서 몇 사람이나 교회를 위해서 봉사할 수 있을까요?

답  다시 한 번 강조합니다만 준비된 사람이 직분자로 세워져야 합니다. 직분자의 자격 요건은 목회 서신의 가르침에 기초해야 하고 또한 사도행전 6:3에서 교훈하는 대로 "성령과 지혜가 충만하여 칭찬받는 사람"이 세워져야 합니다. 예루살렘 교회가 일곱 집사를 세울 때 준비가 덜 되었어도 당장 교회에 일손이 부족하니까 그 문제를 해결하기 위해서 적당한 사람을 뽑아서 집사로 세우지 않았습니다.

먼저 직분부터 받고 난 후 차차 자격을 갖추어 가면 된다는 논리는 성경적이지 않습니다. 세상에서도 그렇게 하지 않습니다. 기업이나 정부에서 사람을 뽑을 때도 철저하게 준비된 사람을 고르고 또 골라서 채용하지 않습니까? 그동안 교회가 세상으로부터 조롱과 지탄을 받았던 가장 큰 이유가 바로 자격이 부족한 직분자의 양산 때문입니다. 오죽하면 목사를 먹사라고, 집사를 잡사라고 부르겠습니까! 이제는 더 이상 이런 문제로 안 믿는 사람들에게 웃음거리가 되지 말아야 합니다.

**질문 2** 교회에서 직분자를 선출하는 중요 기준으로 가족들의 반응을
중시하겠다고 하셨는데 이를 더 구체적으로 말씀해주시면 좋겠습
니다.

**답** 디모데전서 3:5은 이렇게 말합니다. "사람이 자기 집을 다스
릴 줄 알지 못하면 어찌 하나님의 교회를 돌보리요." 제가
부임예배 설교 중에 이런 말씀을 드렸습니다. "교회는 큰 가
정이고 가정은 작은 교회다." 가정을 작은 교회라고 했을 때
가정에서 신임을 잃어버린 사람이 교회에서 직분을 맡는다
는 게 사리에 맞지 않다고 생각합니다. 어떤 사람이 혹 아내
(남편)에게 인정받지 못하고 또 자녀들에게 존경받지 못한
다면 교회에서 직분을 받아 살아계신 하나님의 교회를 섬기
는 일을 양심껏 사양하는 게 옳습니다.

　우리는 사람을 평가할 때 대개 겉모습만 보지 속사정까
지는 잘 모릅니다. 하지만 하나님께서는 "외모를 보지 않으
시고 중심을 보신다"(삼상 16:7)고 하셨습니다. 하나님께서
사울을 버리시고 다윗을 선택하신 것은 그의 중심을 보셨
기 때문입니다. 어떤 사람의 중심을 가장 잘 아는 사람은 그
의 가족들입니다. 그렇기 때문에 가족들의 반응을 중요하게
고려하겠다는 것입니다. 제가 아는 외국의 어느 교회에서는
직분자를 세울 때 자녀들에게 다음과 같은 편지를 보냈다
고 합니다. "너희 아버지가 교회의 ○○○으로 봉사하는 것

이 정당하다고 보는가?"

그렇다고 해서 우리 교회도 직분자를 선출하면서 이와 같은 설문지를 자녀들에게 보내겠다는 것은 아닙니다(웃음). 다만 앞으로 우리 교회도 직분자를 세울 때는 그런 정신 아래 세우겠다고 강조하는 것입니다. '인사는 만사'라고 했습니다. 교회가 하나님의 것이지만 동시에 교회를 책임지고 운영하는 것은 사람들입니다. 그렇다면 교회를 위해 좋은 사람들이 세워져야 하는 것은 너무도 당연하고 중요한 일이지 않습니까?

질문 3  목사님께서도 혹시 VIP교인이라는 말을 알고 계신가요? 저도 아는 교인에게서 들은 이야기입니다. 그 교회에서는 VIP교인이라는 말이 공공연히 떠돈다고 합니다. 게다가 그 교회는 특별헌금을 작정할 때도 기본 100만 원부터 시작한다고 합니다. 10만 원은 아예 받아주지를 않는다는군요. 아니 어떻게 교회가 이럴 수 있습니까? 그 말을 듣는데 너무 역겨웠습니다. 목사님은 어떻게 생각하시나요?

답  우리 교회 이야기가 아니어서 정말 다행입니다(웃음). 이 문제는 목회자가 교회와 헌금에 대해 크게 오해하고 있기 때문에 발생했습니다. 교회는 결코 기업이나 은행이 아닙니다. 기업이나 은행에서는 큰 거래가 오가는 사업파트너나

고객을 소위 VIP라고 해서 그에 걸맞은 특별대우를 해줍니다. 하지만 교회는 절대로 그렇게 해서는 안 됩니다. 만일 교회가 어느 특정 교인이 다른 사람보다 헌금을 더 많이 낸다고 해서 VIP 대접을 해준다면 그 교회는 하나님의 이름을 빙자해서 종교 사업을 펼치는 종교 기업이라고 봐야 합니다. 오히려 성경은 교회가 공동체 안에서 더욱 관심을 갖고 특별대우를 해야 할 사람들은 가난한 자와 병든 자와 고아와 과부와 같은 자들이라고 가르칩니다.

질문하신 분이 언급한 교회가 어딘지는 잘 모르겠지만 목회를 그런 식으로 한다면 그 목회자는 결코 선한 목자가 아닙니다. 그가 제아무리 설교를 잘해서 교인들에게 감동을 준다고 해도 그런 식으로 목회하는 사람은 삯꾼과 같습니다. 이런 일들이 버젓이 교회 안에서 행해지기 때문에 오늘날 우리 개신교가 세상으로부터 비난과 배척을 당하는 것입니다. 저는 우리 교회에서는 절대로 이와 같은 일들을 용납하지 않을 것입니다.

**질문 4** 앞서 부교역자에 대한 목사님의 말씀 중에 목사님께서 분명 부교역자들을 가리켜 '동역자'라는 표현을 쓰셨습니다. 그러면 담임 목사와 부교역자가 서로 '동역자' 관계라고 했을 때 그 범위가 어디까지인지요? 사실 이전에 계시던 부교역자들은 많은 경우 담임목사님의 개인비서 역할을 했고, 심지어는 사모님의 심부름까지 하셨던 걸로 알고 있습니다. 이에 대한 목사님의 견해를 듣고 싶습니다.

답 사실 저는 부교역자라는 말 자체에 심한 의문과 거부감이 있습니다. 목사면 다 같은 목사지 부목사가 무슨 말인가 하는 생각 때문입니다. 그러나 아직은 한국교회 안에 이런 부분을 명쾌하게 표현할 수 있는 개념과 단어들이 없기 때문에 여러분의 이해를 돕기 위해서 부득이 저도 부교역자라는 말을 사용했습니다. 그 점을 여러분이 이해해주시길 부탁드립니다. 우리 교회에서 사역하시는 모든 교역자는 저의 소중한 동역자이자 하나님 나라의 형제와 자매들입니다. 바울은 자신의 동역자들을 가리켜 "함께 군사 된 자"(빌 2:25)라고 불렀습니다. 저는 동료 교역자를 제 개인비서 혹은 심부름꾼으로 생각하거나 사적인 일을 시키지 않겠습니다. 최대한 다른 교역자들을 존중하면서 서로 사랑과 우애로써 함께 섬길 것입니다.

이 부분을 좀 더 구체적으로 설명하자면, 부교역자들이 섬기고 있는 부서의 목회적 권한과 책임을 합리적인 범위 내에서 본인들에게 과감히 위임하고 이를 후원하며 격려하겠습니다. 예를 들어, 고등부 학생이 세례(침례)를 받을 경우 굳이 담임목사인 제가 세례(침례)를 주어야 한다고 생각하지 않습니다. 세례(침례)를 받을 학생을 가장 잘 알고 또 직접 교육시킨 고등부 담당 목사님이 세례식을 베푸는 것이 그 학생에게 더 의미 있다고 판단될 때는 과감히 그렇게 하겠습니다. 청년들의 결혼 주례도 마찬가지고, 교구의 장례식도 같은 원칙을 적용할 수 있을 것입니다. 제 생각에는 기왕이면 담임목사는 교회 안의 궂은 일, 힘든 일과 관련한 설교와 예식을 맡아서 봉사하고, 부교역자들은 기쁘고 감사한 일과 관련된 설교나 집례를 하면 좋지 않을까 합니다.

이와 관련하여 여러분에게 부탁드리고 싶은 것은 가령 교역자들이 여러분 가정에 심방을 가야 할 일이 생겼을 때 방문자가 담임목사든 부교역자든 상관없이 동일한 마음과 태도로 받아주시길 바랍니다. 쉽게 말해 누구의 축복 기도가 더 세고 강하다는 식의 생각을 하지 말아달라는 것입니다.

**질문 5** 교역자들에게는 죄송한 말씀이지만 제 경험에 의하면 간혹 교역자들 가운데 은근히 촌지를 바라는 분들이 있었습니다. 이 문제는 세상 기준으로도 온당치 않은 것인데 목사님께서는 어떻게 해결하시겠습니까?

**답** 앞으로 우리 교회 교역자들은 교회에서 정식으로 받는 사례비 외에 별도의 촌지를 받지 않도록 최선의 노력을 다하겠습니다. 당장 저부터 솔선수범하겠습니다. 앞에서도 누차 강조했지만 교회의 양심과 관행이 세상 기준보다 더 높아야지 낮아서는 안 됩니다. 교회 안에서 촌지를 근절시키기 위해서 저를 포함한 모든 교역자들이 하나님이 교회를 통해서 허락하신 물질의 범위 내에서 자족하며 살아가는 신령한 비결을 배워나가겠습니다. 동시에 교회도 지나치게 비현실적인 사례비를 제공하면서 교역자들의 양심에만 호소하는 일이 없도록, 상호 간에 더 많은 노력을 기울였으면 합니다.

# 8장

# 사역방침설명회:
# 재정 관리

## 재정 관리

교회 재정의 특징은 헌금에 있습니다. 헌금은 교인들이 하나님께 바치는 예물로서 그들의 헌신의 표현입니다. 또한 헌금은 교회의 존립과 사명을 수행하는 데 필요한 경제적 자원입니다. 헌금의 취합과 관리, 운영 전반에 관한 체계적인 원리를 가리켜 재정 관리라고 합니다. 교회 재정의 본질은 교회가 구성원들의 합의에 의해 세워진 계획에 따라 헌금을 합리적으로 수집하고 지출함으로써 그 교회가 지향하는 사역을 원활하게 수행하는 데 있습니다. 교회 재무행정의 성경적 기초는 예수 그리스도가 천국 복음을 전파하실 때 제자단 가운데 재정을 관리하는 책임자를 두었다는 사실에 기초하고 있습니다(요 12:6; 13:29). 또한 기독교 초기 교회도 재정 관리를 전담하는 직분을 세웠습니다(행 6:1-6).

예수 그리스도의 사역과 초기 교회를 보면 헌금이 대단히 신중하고 정직하게 사용된 것을 알 수 있습니다. 모든 헌금은 하나님께 바쳐진 것이기에 가장 올바른 방법으로 관리되어야 합니다.

교회의 행정 전반을 책임지는 목회자의 중요한 소임 하나가 헌금을 올바로 관리하는 일입니다. 그리고 이 일은 교회의 인적 자원을 합리적으로 관리하는 일과 밀접한 관계가 있습니다. 곧 선한 양심의 소유자로 재무 실무에 대한 식견과 경험을 갖춘 사람을 선택하여 그로 하여금 헌금을 잘 관리하도록 교육하고 감독하는 일이 중요하기 때문입니다.

교회 재정을 관리할 때 잊지 말아야 할 정신은 신앙이 돈보다 위에 있어야 한다는 것입니다. 하나님이 돈을 다스려야지 돈이 하나님보다 더 우선권을 가져서는 안 됩니다. 성경에 보면 예수님을 찾아온 어떤 부자 청년은 영생에 대한 관심이 있었음에도 불구하고 결국 자신의 돈을 하나님의 뜻에 합당하게 쓸 의향이 부족해서 근심하며 돌아갔습니다. 예수님은 그 청년에게 돈을 원한 것이 아니라 그 돈을 지배할 수 있는 믿음을 원하셨습니다. 하지만 이 청년에게는 그만한 믿음이 없었습니다. 교회 재정을 관리하는 데 가장 조심해야 할 부분이 바로 이것입니다.

목사는 교회 앞에서 자신의 재정관(財政觀)을 분명히 해야 합니다. 목사 자신이 그러지 못하면서 교인들에게 돈에서 자유하라고 말하는 것은 어불성설입니다. 목회자 자신은 돈의 하수인과 같은 언행을 하면서 교인들에게는 돈의 유혹 앞에 굴복하지 말고 그것을 이겨내라고 설교하는 것은 위선입니다. 목회자는 사적으로 청렴하고 절제하는 삶의 모범을 보일 뿐 아니라 교회의 존립과 유지에 대한 최종적 책임을 맡은 자로서 교회 예산을 바르게 편성하고, 그것을 정직하고 청빈하게 사용하도록 지도 감독해야 합니다.

저는 우리 교회가 물질만능주의와 경제제일주의의 노예가 되지 않도록 할 뿐더러 재정을 무분별하게 사용하지 않도록 세심한 주의와 관심을 기울일 것입니다. 돈으로 하나님의 영광을 측정하고 판단하려는 세속적인 사상들이 교회에 일절 발붙이지 못하게 할 것입니다.

---

### 재정 관리에 관한 목회방침

1. 앞으로 교회의 예산은 다음과 같은 원칙을 따라서 철저히 관리할 것이며 또한 교회 재정을 관리하는 분들에게 이러한 원칙을 교육할 것입니다.

첫째는 완전성의 원칙입니다. 교회 예산은 교인들이 모든 수입과 지출을 알 수 있게끔 완전하게 편성하고 시행하겠습니다.

둘째는 공개성의 원칙입니다. 교회가 제출한 예산안의 심의, 의결 및 결산 등의 재정 상태를 교인들에게 전부 공개하겠습니다.

셋째는 명료성의 원칙입니다. 교회 예산은 모든 교인이 다 이해할 수 있도록 분명하게 편성하겠습니다.

넷째는 사전의결의 원칙입니다. 예산이 회계연도 개시 이전

적당한 시기에 성립되도록 하겠습니다.

다섯째는 단일성의 원칙입니다. 예산 전체를 계통적·종합적으로 명백히 하고 양적·질적으로 균형을 유지시키기 위해 예산 형식을 하나로 통일시키겠습니다.

여섯째는 정확성의 원칙입니다. 예산과 결산이 일치되게 하겠습니다.

2. 교회 재정에 관한 교육을 정기적으로 시행하려고 합니다. 먼저 교인들이 재정에 대한 청지기로서의 책임을 분명하게 인식할 수 있도록 1년에 1회에 걸쳐 집중 교육을 실시하겠습니다. 다음으로 1년에 2회 정도 교회에서 직접 재정 관리를 담당하는 교인들을 소집하여 워크숍 형태로 준전문가 수준의 회계와 세무 교육을 시키도록 하겠습니다.

3. 교회 예산을 사용할 때는 아무리 적은 액수라도 꼭 영수증이 첨부되게 할 것입니다. 저부터 이 일에 솔선수범할 것이며 다른 교역자들에게도 이 점을 분명히 주지시키겠습니다. 또한 교회 모든 부서의 회계 책임자들에게도 이 원칙을 지킬 것을 요구하겠습니다.

4. 교인들이 하나님께 드리는 헌금을 항목별로 종합하여 헌금의

종류를 단순화시키겠습니다. 그동안 관행적으로 시행되었던 무분별한 목적 헌금의 수와 종류를 대폭 없애겠습니다.

5. 헌금은 근본적으로 하나님께 자원하는 마음으로 기쁘게 드리는 것입니다. 따라서 앞으로는 강제성을 띤 헌금은 일체 요구하지 않겠습니다. 헌금을 드리는 분명한 목적과 이유를 가지고 기쁜 마음으로 바칠 수 있도록 목회적 지도와 배려를 아끼지 않겠습니다. 특히 헌금이 마치 사람의 수고와 봉사에 대한 대가처럼 드려지거나 심지어 무당에게 갖다 바치는 복채와 같은 식으로 드려지는 일은 절대 용인하지 않을 것입니다. 설교와 교육을 통해서 이런 부분들을 지속적으로 교육하겠습니다.

---

### 질의응답

**질문 1** 교회 재정을 지출할 때는 사용한 금액에 대한 영수증이 반드시 있어야 한다고 알고 있습니다. 그런데 어떤 교회는 영수증 없이도 목회자가 사용 가능한 예산이 있다는 말을 들었습니다. 혹시 우리 교회 예산에도 이런 부분이 있는지 알고 싶습니다.

**답** 교회 재정은 헌금으로 구성됩니다. 헌금은 하나님께 드려진 예물입니다. 그러므로 재정을 사용할 때는 '신전의식', 곧 코람데오의 정신을 가져야 합니다. 아무리 담임목사라 해도 교회 재정을 사용할 때는 반드시 정당한 근거를 제출하는 것이 옳습니다. 저는 심지어 고속도로 통행료 영수증까지도 챙겨야 한다고 생각합니다. 그런 차원에서 생각한다면 목회자가 교회의 동의나 허락 없이 임의로, 그것도 근거 없이 사용할 수 있는 별도의 예산은 절대 책정될 수 없습니다.

**질문 2** 저는 우리 교회 초창기 때부터 섬겨온 사람입니다. 우리 교회에서 제일 처음 발생했던 갈등은 교회의 은행통장 때문이었습니다. 교회헌금을 은행에 예치해놓고 관리하는 데 처음에는 목사님 이름으로 했다가 교회가 성장하면서 재정적으로 안정이 된 다음에는 교인들이 통장 명의를 교회 이름으로 바꾸기 원했습니다. 그런데 전임 목사님이 이것을 탐탁지 않아 하셔서 이 문제로 한동안 교회가 시끄러웠습니다. 제가 알기로는 지금도 이와 유사한 갈등을 겪는 교회들이 많다고 하는데, 이에 대한 목사님의 생각을 알고 싶습니다.

**답** 이 문제는 교회의 규모나 재정 수준과 밀접한 관계가 있습니다. 개척교회나 또는 교회 설립 연한은 꽤 지났지만 아직도 미자립 형태의 교회들은 설립 시절에 목회자 개인의 재산이 투입된 경우가 흔하고, 또 작은 교회의 경우 재정을 맡길 만한 사람이 많지 않기 때문에 목회자가 직접 자기 명의로 통장을 개설하여 관리하는 일이 흔합니다. 이런 부득이

한 경우에는 현실적으로 목회자가 직접 통장을 관리할 수는 있겠지만, 이 경우에도 목회자가 임의로 교회 재정을 사용하는 일은 하지 말아야 합니다. 그렇게 보면 다양한 견제 장치를 갖추고 재정적으로 안정된 교회의 목회자들보다 작은 교회의 목회자들이 성경적 원칙에 벗어나 재정을 남용할 가능성이 높을 수도 있겠지요.

교회가 재정을 전문적으로 관리할 수 있는 교인이 있고, 또 재정적으로 어느 정도 안정이 된 경우라면 당연히 교회 명의로 통장을 개설하고 회계 전문가들로 구성된 재정위원회에서 그것을 관리하는 것이 성경적입니다. 저는 사도행전 6장에 나오는 것처럼 목회자는 성경을 가르치는 일과 기도와 심방에 힘쓰고, 교회 재정은 평신도들 중에서 믿음과 소명과 재능을 가진 사람들을 뽑아서 전문적으로 관리하는 것이 옳다고 생각합니다.

**질문 3** 그동안 우리 교회는 직분자를 세울 때 관련자들에게 감사헌금 명목으로 일정액씩 바칠 것을 요구했습니다. 장로, 안수집사, 권사 별로 책정된 액수가 있습니다. 그래서 생활이 어려운 분들 가운데는 직분자로 선출되는 것 자체를 꺼리거나 또는 선출이 된 후에도 스스로 사양하시는 분들도 더러 있었습니다. 목사님께서는 앞으로 이런 관행을 어떻게 하실 생각이신지요?

**답** 제 신앙 양심과 목회자로서의 명예를 걸고 말씀드립니다만, 이런 관행은 즉각 없애도록 하겠습니다. 제아무리 좋은 명분을 내세운다 해도 헌금을 받고 직분을 주는 것은 전혀 성경적이지 않습니다. 이것은 마치 중세 로마 가톨릭교회가 돈을 받고 면죄부를 판매했던 것과 다를 바가 없습니다. 이런 관행이 교회 안에 자리 잡으면 교회직분이 계급화될 가능성이 농후합니다. 교회직분은 세상 벼슬 같은 것이 아닙니다. 교회에서 직분을 받는 것은 교회와 성도를 섬기는 종이 되는 것입니다. 무슨 종의 자리를 돈 주고 산단 말입니까? 앞으로 우리 교회에서는 돈을 받고 직분을 배분하는 일은 절대 없을 겁니다. 이 같은 나쁜 관행은 아예 발본색원하는 심정으로 근절시키겠습니다. 그러나 어떤 성도가 하나님께서 직분을 주신 것에 너무 감격스러운 마음이 들어 주일 예배 시간에 맞춰 감사헌금을 드리는 것까지 막지는 않겠습니다. 그런 부분에 대해서는 우리 모두가 성령께서 주시는 자유함의 원리를 부정하거나 훼손할 필요는 없다고 생각합니다.

한 가지 더 말씀드리면 앞으로 임직식이 있을 때 해당자들에게 축하 선물이나 금일봉을 주는 행위도 삼가주시길 당부드립니다. 직분자를 세우는 임직식이 말 그대로 하나님이 기뻐하시는 일꾼들을 구별하여 세우는 자리가 되기 위해서

는 저와 여러분 모두가 한마음 한뜻으로 함께 노력해야 할
줄로 믿습니다.

**질문 4** 헌금을 드릴 때 그 목적을 구체적으로 명시하거나 사람을 지정
해서 드리는 것은 어떻게 생각하시는지요? 예를 들면 "이 헌금은
교회의 OOO을 위해서 사용해주십시오"라고 적어서 드리는 것
말입니다.

**답** 어떤 분이 교회의 필요를 아시고 그 필요한 부분을 감당하
기 위해서 자원하는 마음으로 드리는 목적헌금에 대해서는
근본적으로 거부할 이유가 없습니다. 그러나 교회가 어떤
특정 프로젝트에 대해서 일부러 교인들을 상대로 대대적으
로 홍보하거나 강요하는 식으로 목적헌금을 독려하는 일은
하지 않겠습니다.

**질문 5** 만일 예배당 건축과 같은 중장기계획이 세워지면 교인들에게
특별헌금을 요청해야 되지 않을까요?

**답** 그렇지요. 교회가 너무나 절박한 필요 때문에 꼭 건축을 해
야 한다면 그때는 교인들에게 사정을 설명하고 헌금을 요
청할 수 있을 것입니다. 그러나 이 경우에도 건축헌금을 작
정하도록 강요하거나 각 가정이나 직분자들에게 일정 액수
를 할당하는 일은 하지 않겠습니다. 건축이 꼭 필요하다고

판단되면 교회 전체가 함께 머리를 맞대고 가장 합리적이고 안정적인 방식으로 재정을 조달할 수 있는 방안을 찾아가면서 무리하지 않고 지혜롭게 추진하도록 하겠습니다. 그 외에는 앞서 제가 말씀드렸던 건축과 관련한 원칙들을 참조하시면 되겠습니다.

**질문 6** 목사님, 우리 교회에서는 가끔 선교사님이나 농어촌 교회를 돕기 위해 헌금이 아닌 헌물을 선착순으로 해서 받는 경우가 있었습니다. 가령 '6세 어린이용 신발 30켤레'처럼 말입니다. 목사님께서는 이것을 어떻게 생각하시는지요?

**답** 교회 재정 운영에 대한 제 원칙은 비교적 단순하고 명확합니다. 그것은 교인들께서 평상시 드리는 헌금을 지혜롭고 정직하게 잘 관리하고 가급적 그 안에서 교육, 선교, 구제 등에 필요한 재정을 지출하는 것입니다. 해외에서 사역하는 선교사님들을 돕거나 미자립교회를 후원하는 재정도 가급적이면 교회 공식 예산에 책정된 관련 항목에서 지출하는 것을 원칙으로 하겠습니다. 그러나 경우에 따라서 여러분께서 성령의 감동을 받아 헌물로 헌신하신다면 교회가 그 일에 선한 청지기 역할을 하겠습니다.

**질문 7** 솔직히 저를 포함해서 대다수 기독교인들이 수단과 방법을 가리지 않고 돈을 많이 버는 것이 최고의 복이라고 생각하는 경향이 농후합니다. 하지만 그러다 보니 세상 사람들이 기독교인들을 돈만 밝히는 탐욕스러운 위선자로 간주하고 비판하는 게 사실입니다. 목사님께서는 앞으로 어떤 식으로 성경적인 경제관을 심어주실 계획이신지 궁금합니다.

답 제가 생각하는 성경적 재정관은 다음과 같은 내용을 포함하고 있습니다. 첫째, 돈은 매우 위험한 것입니다. 성경에서 돈은 하나님과 경쟁하는 거의 유일한 우상입니다. 따라서 돈을 사랑하거나 그것에 권세를 부여해서는 안 됩니다. 둘째, 성경적 신앙의 핵심 하나는 하나님께서 돈을 다스리시는 분이라는 것입니다. 우리는 돈의 권세를 하나님의 통치 아래 두어야 합니다. 셋째, 돈이 하나님의 통치 아래에 바르게 서 있다면 그것은 하나님이 기뻐하시는 선한 일을 위해서 유용하게 사용되는 귀한 수단이 될 수 있습니다. 넷째, 돈을 버는 것은 목적뿐 아니라 그 과정과 방법도 하나님의 통치에 합당해야 합니다. 다섯째, 성도는 돈의 노예가 되어서는 안 됩니다. 성도가 돈의 노예가 되면 돈 때문에 걱정하고 염려하게 됩니다. 여섯째, 하나님께서는 당신의 백성이 돈이 흘러가는 정거장이 되기를 바라시지 돈이 최종적으로 모이는 종점이 되기를 원하지 않습니다. 돈은 더 낮고 더 가난한 곳으로 계속해서 흘러가야 합니다. 교회 재정은 이런

곳으로 흘려보내는 하나님의 마음을 담은 축복의 통로가
되어야 합니다.

앞으로 이런 원리들을 신자들이 현실에서 많이 부딪히
는 실제 사례와 연결하여 더 구체적으로 접근할 수 있는 프
로그램을 만들어서 여러분과 지속적으로 나누겠습니다.
우리는 "네 보물이 있는 그곳에는 네 마음도 있느니라"(마
6:21)라는 말씀을 늘 상기하고 물질을 사용하는 데 하나님
과 사람 앞에서 부끄럽지 않아야 합니다. 그러기 위해서는
성경적 재정관을 확립하는 것이 필수라고 생각합니다.

**질문 8** 정부나 기업 등에서는 예산을 편성할 때 부서이기주의로 인한
잡음이 많다고 들었습니다. 그런데 안타깝게도 우리 교회도 이런
점에서 자유롭지 못한 것 같습니다. 목사님, 어떻게 해야 교회 예
산을 공명정대하고 합리적으로 편성할 수 있을까요?

**답** 이런 문제는 교회 예산에 대한 철학과 원칙이 없기 때문에
일어나는 일입니다. 우리 교회는 앞으로 예산을 편성할 때
다음과 같은 원칙을 지키도록 하겠습니다. 첫째, 교회의 다
음 세대에 투자하는 일을 가장 중요하게 생각하겠습니다.
둘째, 교회 안과 지역사회의 가난하고 아픈 사람을 돌보는
일에 힘쓰겠습니다. 셋째, 각 기관과 부서에 할당되는 예산
은 그 기관의 규모에 비례하여 지원하는 것을 원칙으로 하

겠습니다. 넷째, 각 기관의 예산을 편성할 때는 행사비나 식사비에 과도한 비용이 발생하지 않도록 최대한 지도하고 억제시키겠습니다.

이런 원칙 아래 교회의 재정전문가들로 구성된 재정위원회와 당회, 그리고 각 부서의 실무 책임자들이 함께 모여 심도 있는 토론을 통해서 합리적인 예산을 세우고, 또 그 예산안은 교회의 공식적인 의결기구들에서 민주적으로 다루겠습니다. 앞으로 교회 예산을 수립하고 심사하는 일에 영향력 있는 몇몇 사람의 입김이 개입하지 못할 것이며, 또 감사 제도를 도입하여 각 부서에 지출된 예산을 철저히 지도 감독하겠습니다.

**질문 9** 언제부터인지 모르겠지만 요즘은 상당수 교인들이 몸으로 봉사하는 대신에 돈으로 때우려는 경향이 강합니다. 한 가지 예를 들자면 이전처럼 교인들이 함께 모여 예배당 대청소를 하는 것이 흔치 않은 일이 되었고, 오히려 돈을 얼마 주고 청소용역업체에 맡기자고 합니다. 그래서 저희 교회도 현재는 청소용역업체에서 정기적으로 와서 청소를 하고 있는 실정입니다. 목사님께서는 이런 현상을 어떻게 이해하시는지, 그리고 앞으로도 계속 교회 청소를 용역에 맡기실지 궁금합니다.

**답** 저는 기본적으로 몸으로 수고하고 땀 흘려 봉사하는 행위를 좋게 생각합니다. 기독교 신앙은 관념적인 것이 아닙니다. 우리는 머리로만 하나님을 섬기는 자들이 아니라는 뜻입니다. 하나님은 우리가 손과 발을 부지런히 움직여서 그분을 예배하고 섬기기를 원하십니다. 그런 점에서 보자면 말씀하신 교회 청소 같은 봉사는 이 교회의 구성원인 우리들 자신이 직접 하는 것이 옳습니다. 저는 여러분이 교회에 오실 때 손님과 같은 마음으로 오시지 않기를 바랍니다. 우리가 이 교회에 주인의식이 있다면 당연히 교회 구석구석에 쌓인 먼지가 신경 쓰이고, 또 그것을 자기 손으로 직접 청소하지 않으면 마음이 불편해서 견딜 수 없을 것입니다.

그러나 동시에 이런 점들을 생각해볼 수 있습니다. 최근 우리나라 경제가 구조적인 문제로 몸살을 앓고 있습니다. 대표적으로 사회적 양극화가 심화되었고 비정규직이 대대적인 증가세를 보이고 있습니다. 많은 시민들이 좀처럼 안정된 직장을 구하지 못할뿐더러 요행히 일자리를 구해도 새벽부터 밤늦게까지 일하고도 한 달에 겨우 100만 원 정도되는 수입을 얻을 뿐입니다. 사정이 이렇다 보니 절대다수의 가정이 맞벌이를 할 수밖에 없습니다. 여기에 우리 사회의 고질적 문제인 자녀들 사교육비도 국가 전체적으로 놓고 보면 천문학적인 액수에 달합니다. 이런 상황에 놓인 교인들에게 예전처럼 주중에 예배당에 나와서 청소를 하자는 부탁은 하기 어렵습니다. 어떤 면에서는 비용을 주고 전문 업체에 교회 청소를 맡기는 것이 더 합리적일 수 있습니다. 그리고 같은 맥락에서 한 가지 더 생각해볼 수 있는 것은 기왕에 비용을 지불할 바에는 외부 업체에 청소를 맡기느니 차라리 교회 안의 어려운 성도들에게 수고비를 드리고 고정적으로 청소 등을 맡기는 것도 좋은 대안이 될 수 있을 것 같습니다.

# 9장

# 사역방침설명회:
## 심방

## 심방

목회자는 교인들의 가정을 방문할 수 있는 공식적인 권리와 의무를 동시에 갖고 있습니다. 목회자는 예배당에서만 교인들을 만나는 사람이 아니라 그들의 가정을 직접 방문하여 권면하고 위로하며 교제하는 사람입니다. 어떤 의미에서는 목회자를 제외한 어떤 직업도 환영받으며 남의 집 문턱을 쉽게 넘을 수 없습니다. 목회자가 교인들의 가정을 방문할 때면 대부분의 교우들이 이를 적극 환영하며, 심지어 어떤 교인들은 목회자가 자기 가정을 오랫동안 방문하지 않으면 섭섭함을 느끼기까지 합니다.

하나님께서 성육신 사건을 통해 인간의 몸으로 이 땅에 오신 것처럼 목회자는 자신에게 맡겨진 양들을 친히 찾아가도록 부름을 받았습니다. 목자이신 주님께서 우리에 남아 있는 아흔아홉 마리의 양을 남겨두고 길 잃은 양 한 마리를 찾아 나선 것처럼 목회자는 위험에 처한 성도를 찾아 나서야 합니다(마 18:12). 따라서 사람들을 친히 찾아가는 목회심방은 잃어버린 자를 찾아서 죄

용서와 치유 사역을 행하시는 인자와 긍휼이 많으신 하나님의 마음을 대변하는 거룩한 사역입니다.

우리 말 '방문'에 해당하는 히브리어 어근인 '파카드'(פקד; 이 말은 헬라어로는 episkopeo로 표현되고, 라틴어로는 visitare로 표현된다)는 두 가지 상호보완적인 의미가 있습니다. 하나는 '시험하는 것' 또는 '시험하여 증명하는 것'이고, 다른 하나는 '모든 것이 순서대로 되어 있는가를 살펴보는 것'입니다. 전통적인 의미에서의 목회심방은 이 두 가지 성격을 모두 가지고 있습니다. 곧 목회심방은 신자들의 신앙이 성경적인 토대 위에 바로 서 있는지를 살피는 것과, 그들의 신앙이 건강하게 잘 성장하고 있는지를 시험하는 것입니다.

이런 심방의 특성은 마태복음 25:36에 나오는 두 개의 능동태 동사에서 잘 표현되고 있습니다. "내가 병들었을 때에 돌보아 주었고(episkepsasthe), 감옥에 갇혔을 때에 찾아주었다(elthate)"는 모두 주체적으로 행동하는 의미의 동사를 사용하고 있습니다. 여기서 우리는 성경이 목회자에게 자원하는 마음으로 수행하는 능동적인 목회심방을 요구하고 있음을 알 수 있습니다. 목회자는 양 떼들과 주일에 단 한 번만 만나는 것이 아니라 주중 내내 지속적으로 그들을 지켜보고 양육하는 목양적 사명이 있는 사람입니다. 그러므로 목회자는 필요하다면 '밤을 지새워가며' 양을 지켜주는 자세, 곧 목자의 심령을 가져야 합니다.

예수님께서는 한곳에 고정적으로 머무시며 찾아오는 사람들을 맞이하기보다는 많은 도시와 마을을 순회하시면서 그곳에 사는 상처받은 자들과 곤경에 처한 사람들을 도와주시고 고쳐주셨습니다. 성경에는 예수님께서 직접 찾아가셔서 삶의 문제를 해결해주신 사람들이 아주 많이 나옵니다. 구체적으로 니고데모(요 3:1-9), 사마리아 여인(요 4:1-42), 백부장(마 8:5-10), 병든 아들을 둔 왕의 신하(요 4:46-50), 아들이 죽은 과부(눅 7:11), 서기관(마 8:19-20), 가나안 여인(마 15:21-28), 귀신들린 아이의 부모(마 17:14-21), 부자청년관원(마 19:16-22), 간음한 여인(요 8:2-11) 등이 있습니다. 예수님은 이들의 고민을 일일이 다 들어주시고 가장 좋은 방법으로 해결해주셨습니다.

특별히 예수님은 육체적인 질병으로 고통당하는 사람들을 적극적으로 도와주셨습니다. 문둥병자(마 8:2-4), 소경 바디매오(막 10:46-52), 날 때부터 소경된 사람(요 9:1이하), 손 마른 사람(마 12:9-14), 삼십팔 년 된 병자(요 5:5)가 그렇게 고통에서 해방되었습니다.

또한 예수님은 많은 경우 가정으로 직접 사람들을 찾아가셨습니다. 레위라는 세리의 집(눅 5:29), 가나의 혼인잔치(요 2:1-2), 바리새인의 집(눅 7:36-50; 14:1-24), 마리아와 막달라의 집(눅 10:38-42), 문둥이 시몬의 집(마 26:6)을 찾아간 것이 좋은 예입니다. 그 외에도 예수님은 사람들이 있는 곳이라면 어디든 마다치 않고 찾아가셨습니다. 예를 들면, 바닷가(막 4:1), 우물가(요 4:6), 길가(막 10:46), 장터(마 20:3), 세관(마 9:9), 성전(마 26:55) 등을 찾아가셨습니다.

예수님은 사람들의 정치 성향과 입장에 따라 어떤 구별이나 차별을 두지 않으셨습니다. 예수님은 사두개인들(마 22:23-33), 바리새인들(마 12:2-6), 헤롯당원들(마 22:15-22), 로마군인들(눅 7:2), 열심당원들(눅 6:15) 모두를 만나서 도와주셨습니다. 요약하면 예수님은 사람들을 신분, 가문, 계급, 성별, 소유, 지역, 언어, 학벌 등에 따라 구분하거나 차별하지 않으셨습니다. 저도 이런 예수님의 마음과 태도를 본받아 사역하고 싶습니다.

저는 목회심방이 얼마나 중요한 사역인지 잘 알고 있습니다. 심방을 통해서 교인들과 인격적으로 더 깊이 교제하고 그들을 구체적이고 실제적으로 섬길 수 있기 때문입니다. 심방을 할 때는 연로하신 분들, 병고로 고통당하신 분들, 고난 중에 계신 분들, 낙심한 분들을 우선적으로 찾아뵈려고 합니다. 여러분의 가정이나 일터를 방문하는 것이 일회성, 선심성, 홍보용이 아닌 진심에서 우러나오는 목회활동의 핵심이 되도록 노력하겠습니다. 그리고 심방 중에 나눈 대화는 철저히 비밀로 지키겠습니다.

## 심방에 관한 목회방침

1. 섬김과 돌봄 사역은 제 목회의 핵심축입니다. 특별히 돌봄사역은 심방과 상담으로 이루어지며, 이 사역을 통해서 저는 여러분이 겪는 영적 문제나 실생활에서 당하는 다양한 문제에 대해 최상의 도움을 드리고자 합니다. 또한 저뿐만이 아니라 우리 교회의 모든 사역자가 최선을 다해서 심방함으로써 여러분을 더 잘 섬기도록 하겠습니다.

2. 심방은 공정과 공평의 원칙에 입각해서 실행하겠습니다. 심방목록이나 대상에서 소외되어서 서운함을 느끼는 교인들이 없도록 각별히 주의를 기울이겠습니다. 특별히 고난 중에 계신 교인들을 우선적으로 심방하겠습니다. 또한 항시 비상응급체제를 갖추고 교인들의 긴급한 요구와 필요에 대해서 실시간으로 대응할 수 있게 노력하겠습니다.

3. 심방에 참여하는 교역자들뿐 아니라 동행하는 교우들에게도 방문을 위한 적절한 예의범절을 가르침으로써 교양과 품위를 갖춘 심방활동을 지향하겠습니다.

4. 담임목사인 저부터 심방에 대한 일체의 금전적 대가를 받지

않도록 솔선수범하겠습니다.

5. 가정방문을 부담스럽게 생각하시는 교우들도 계실 것입니다. 이런 경우에는 교우들께서 너무 부담스러워하거나 불편해하지 않는 범위 안에서 지혜롭게 심방을 조율하겠습니다.

―――――――――― **질의응답** ――――――――――

**질문 1**  앞서도 이야기가 나왔지만 어떤 교회에서는 심방까지 담임목
사님이 특별관리하는 'VIP교인'이 있다고 합니다. 목사님께서는
이런 문제에 대해서 어떻게 생각하시는지요?

**답**  그것은 성경적 가르침에 정면으로 위배되는 행동입니다. 예
수님께서는 항상 가난하고 병든 자들에게 우선적으로 도움
의 손길을 내미셨습니다. 또한 사회적 계급이나 구분에 상
관없이 모든 사람을 공평하고 공정하게 대하셨습니다. 저도
그런 예수님의 정신과 행동을 본받아 교우들을 만나고 교
제하고 섬기도록 노력하겠습니다.

**질문 2**  요사이 교회마다 신혼부부와 새가족을 중심으로 심방을 받지
않으려는 경향이 강해지고 있습니다. 사생활을 간섭받거나 침해
당하지 않고 조용히 교회만 다니고 싶은 것 같습니다. 목사님께서

는 이런 경우 어떻게 하시겠습니까?

답 이런 현상은 현대사회가 만들어내는 두드러진 특징 중 하나입니다. 그리스도인들뿐 아니라 대다수 현대인들이 갈수록 더 이기적이고 개인주의적으로 변하고 있습니다. 이들은 심방을 마치 자신들의 삶을 간섭하고 침해하는 것으로 이해하고 있을 수 있습니다. 이런 경우에는 무리해서 심방을 강행하여 개인의 감정을 상하게 할 필요는 없을 것 같습니다.

하지만 제가 그동안 지켜본 바로는 이 세상에 문제 없는 사람은 단 한 사람도 없습니다. 또 이 세상에 혼자서 잘 살 수 있는 사람 역시 단 한 사람도 없습니다. 겉으로 드러난 모습만 봐서는 알 수 없지만 모든 인간은 많은 개인적인 고민과 씨름하며 살고 있습니다. 저는 목회자와 성도 상호 간에 인격적이고 신앙적인 신뢰감이 형성되면 성도 입장에서도 목회자를 개인적으로 만나서 인생의 문제와 고민을 공유하며, 기도하며, 위로받기를 원할 것이라고 생각합니다. 나아가 현대사회의 지나친 개인주의적 경향 때문에 갈수록 더 많은 사람들이 깊은 고독과 공허함에 빠지다 보니 역설적으로 공동체의 필요를 느끼는 현상들이 증대되고 있음에 주목할 필요가 있습니다. 그런 점에서 저는 앞으로 우리 교회가 성령충만한 교회로 성숙해갈 수 있도록 목회자와 성

도 사이에서만이 아니라 교우들 상호 간에도 더 친밀한 교
제와 연합이 활발해질 거라 기대합니다.

# 10장

# 사역방침설명회: 전도와 선교

## 전도와 선교

전도와 선교는 복음을 증거하는 핵심 활동입니다. 성경은 예수님께서 잃어버린 영혼들을 찾으러 이 땅에 오셨다고 말합니다. 마태복음 9:13에는 그리스도께서 "의인을 부르러 온 것이 아니요 죄인을 부르러 왔노라"라고 말씀하십니다. 성부 하나님은 자신을 떠난 죄인들을 되찾고 회복시키시기 위해서 성자 하나님을 세상에 보내셨습니다. 그리고 십자가에서의 죽음을 통해 인류의 죄를 대속하시고 부활하신 성자 하나님은 오순절에 성령을 보내셔서 교회를 능력으로 무장시키시고 세상을 향해 파송하셨습니다. 교회의 태동과 존립의 목적은 성령의 능력으로 무장하여 십자가에서 죽으시고 부활하신 생명의 예수님을 이 세상에서 증거하고 전도하는 것입니다. 따라서 전도와 선교를 소홀히 하거나 터부시하는 교회는 이미 생명을 상실한 교회입니다. 교회의 존재 이유가 이 땅에 예수 그리스도의 십자가와 부활 안에서 성취된 하나님의 생명의 통치를 선포하고 대행하는 것이기 때문입니다.

전도와 선교는 성부 하나님께서 시작하신 일로서 예수 그리스도의 이름이 선포되고, 성령님의 도우심 가운데 진행됩니다. 전도를 전도 되게 하고, 선교를 선교 되게 하는 분은 근본적으로 성삼위일체 하나님이십니다. 따라서 삼위일체 하나님의 현존이신 성령님의 충만한 임재가 없는 전도나 선교는 매우 위험합니다. 그것은 다분히 거짓된 열심일 가능성이 큽니다.

전도와 선교는 교회에 부과된 거룩한 명령입니다. 이 명령은 우리의 의지나 선호와 상관없이 반드시 수행되어야 할 거룩한 책임입니다. 이 명령은 하늘의 대왕께서 지상의 군대에게 명하신 사명입니다. 예수 그리스도는 승천하시기 직전 교회에게 이런 사명을 주셨습니다. "너희는 가서 모든 민족을 제자로 삼아 아버지와 아들과 성령의 이름으로 세례를 베풀고 내가 너희에게 분부한 모든 것을 가르쳐 지키게 하라"(마 28:19-20). 또한 이런 말씀도 함께 주셨습니다. "오직 성령이 너희에게 임하시면 너희가 권능을 받고 예루살렘과 온 유대와 사마리아와 땅 끝까지 이르러 내 증인이 되리라"(행 1:8).

성경에서 이런 예수님의 분부와 명령을 가장 성실히 수행한 사람은 사도 바울이었습니다. 바울은 우리에게 이렇게 강권합니다. "너는 말씀을 전파하라 때를 얻든지 못 얻든지 항상 힘쓰라"(딤후 4:2). 물론 우리가 이 명령을 수행할 때 여러 가지 장벽에 부딪힐 수 있습니다. 그렇지만 우리는 오직 '겸손하게 순종하고 충성'함으로써 그 사명을 성심껏 감당해야 합니다.

나아가 전도와 선교는 단순히 복음을 전하여 사람들을 개종시키고 교회를 세우는 활동에만 국한되는 것이 아님을 알아야 합니다. 아직도 많은 사람이 전도나 선교를 단순히 복음을 전하는 정도로만 생각하는 경향이 있습니다. 진정한 의미에서의 전도와 선교는 '성경적 세계관과 가치관에 입각하여 살아내는 신자들의 삶의 모양과 영향력 자체'입니다. 곧 신자들이 하나님의 영광을 위해서 하는 모든 것이 바로 전도요 선교입니다. 실로 성도들은 삶의 모든 분야에서 하나님의 영광을 위해 살아가야 하는 제자요 사명자입니다. 그러므로 신자들의 삶 자체가 전도자의 삶이요 선교사의 삶이 되어야 합니다.

### 전도와 선교에 관한 목회방침

1. 저는 목회를 하면서 전도와 선교의 중요성을 지속적으로 강조할 생각입니다. 교인 전체가 삶의 영역에서 증인으로서의 삶을 살도록 양육할 것이며, 구전 전도와 문서 선교 등을 통해서도 '국내외를 막론하고 천국 복음이 전파'되도록 최선의 노력을 다할 것입니다. 우리 교회가 '선교공동체' '증인공동체'로서 더욱 온전히 성숙하고 성장할 수 있게 하겠습니다.

2. 생활 속에서의 전도를 활성화하기 위해서 교인들에게 기독교 신앙의 근본 도리와 내용을 더욱 분명히 가르치는 동시에 각종 이단 사설 및 기독교를 공박하는 수많은 철학과 과학의 주장들에 맞서 기독교 신앙을 파수하고 변증하는 법을 가르치겠습니다.

3. 저는 전도와 선교의 핵심은 관련 분야의 고급·전문 인력을 키우는 것이라고 생각합니다. 열정적인 복음 전도자, 탁월한 기독교 변증가, 신실한 설교자, 뛰어난 선교동원가, 헌신된 선교사들이 더 많이 나올수록 우리 시대에 하나님 나라 복음이 더욱 권위 있고 능력 있게 전파될 것입니다. 그래서 이런 분야의 인재들을 발굴하고 중장기적으로 양성하고 후원하는 일에도 많은 관심과 노력을 아끼지 않을 생각입니다.

4. 해외 선교는 실적 위주 혹은 홍보 위주의 형식적인 선교 지원을 지양하고 현지 선교사들과 교회에 실제적인 도움이 되는 방향으로 우리 교회가 가지고 있는 모든 선교 역량을 리모델링하겠습니다. 구체적으로는 이름뿐인 협력선교사 후원 방식보다는 파송 선교사의 수를 점점 더 확대한다든지, 또는 현지 교회와 자매결연을 맺고 정기적으로 방문하면서 실질적인 도움을 제공하는 방식 등을 강구하겠습니다.

#### ──── 질의응답 ────

**질문 1** 우리 교회는 목사님께서 부임하시기 전까지 1년에 두 차례씩 소위 총동원주일이라고 해서 미리 전도대상자를 정해놓고 기도하면서 지정한 날짜에 교회로 데려오는 행사를 가졌었습니다. 그런데 제 개인적으로는 이런 총동원주일 행사가 프로그램과 선물 공세 위주의 인본주의적 요소만 지나치게 강하다는 의구심이 있었습니다. 목사님께서도 앞으로 총동원주일 행사를 하실 의향이 있으신지요?

**답** 현실적으로 꼭 필요한 문제를 꺼내주신 것 같습니다. 사실 꼭 총동원주일이란 이름이 아니어도 오늘날 한국교회 안에서 시행되고 있는 대다수 전도 프로그램들을 보면 전도대상자(태신자)들에게 물량 공세를 펴면서 환심을 사려는 듯한 모습이 다분히 내재되어 있습니다. 그런데 이런 문화와 관행들은 다음과 같은 문제들을 내포하고 있음을 지적하고 싶습니다.

첫째, 수단과 방법이 목적을 집어삼키고 있습니다. 이것은 세상의 경영학 혹은 공학적인 효율 방정식을 무분별하게 교회 안에 도입하는 것입니다. 둘째, 거룩한 복음을 싸구려 종교 상품으로 변질시키고 있습니다. 십자가의 죽음과 부활 사건을 통해 온 세상을 구속하신 예수 그리스도의 고

귀한 희생을 그깟 돈 몇만 원짜리 상품과 맞바꾼다는 것은 제 신앙 양심상 도저히 묵과할 수 없는 일입니다. 셋째, 앞서도 말씀드린 것처럼 전도와 선교는 교회의 존재 이유와 목적과 직접적으로 관계된 것인데, 오늘날 한국교회는 전도와 선교를 교회의 프로그램이나 행사의 일부처럼 운용함으로써 그 의의와 가치를 훼손하고 있습니다. 따라서 앞으로 우리 교회는 이런 행사 위주의 전도나 선교는 적극적으로 지양할 것입니다.

그렇지만 한편으로 총동원주일 자체가 나쁘거나 악한 일이라고는 생각하지 않습니다. 우리가 성경적으로 올바로 서서, 아직도 복음을 알지 못하는 영혼들에 대한 거룩한 부담감을 안고 뜨겁게 기도하면서, 또 그들과 지속적으로 인격적인 교제와 소통을 나누면서, 교회가 1년에 한 차례 혹은 두 차례에 걸쳐서 그분들을 초청하여 예수 그리스도의 십자가 복음을 증거할 수 있다면 오히려 그런 일들은 적극적으로 권장하고 강조해야 한다고 생각합니다.

그러므로 이런 성격의 일들은 행사 자체의 옳고 그름의 여부가 아니라 우리가 그 일을 얼마나 깨끗한 양심을 가지고 성경적 원리에 충실하게 수행할 수 있느냐와 직결된 문제라고 생각합니다.

**질문 2** 어린이 주일학교에서도 새로운 친구를 데려오면 상품이나 선물을 주고 있습니다. 이런 관행에 대해서도 앞에서 말씀하신 것과 같은 생각이신지요?

**답** 네, 그렇습니다. 교회의 온당치 못한 관행은 기왕이면 어린이 주일학교 시절부터 배우지 않는 것이 좋습니다. 사람이 어려서 자기도 모르게 몸에 밴 습관을 나중에 극복하거나 개선하는 것이 쉽지 않기 때문입니다. 저는 새로운 신자들이 오면 그분들이 교회생활에 보다 신속하고 편안하게 적응할 수 있는 교회생활 안내 책자, 그리고 초신자들의 경우 성경찬송을 제공해드리는 정도면 충분하다고 생각합니다. 물론 어린이 주일학교를 비롯한 모든 교육 부서도 예외는 아닙니다. 나아가 우리 교회에 새로 오시는 분들에게 가장 필요한 것은 어떤 물질이나 선물이 아닐 것입니다. 우리 교회가 그분들에게 이 세상에서는 도저히 찾아볼 수 없는 정말 말 그대로 하나님 나라의 대사관이자 전시관 같은 아름답고 따뜻한 공동체를 보여드리면 어떨까요. 그것이 그분들에게 드릴 수 있는 가장 귀중한 선물일 것입니다. 그런 의미에서 어린이 주일학교에서도 선물 몇 가지로 아이들의 환심을 사려는 것이 아닌, 학교와 가정에서 지치고 상한 우리 아이들의 심령이 우리 교회 주일학교에 와서 치유되고 회복되고 자유해질 수 있는 그런 공동체를 만들었으면 좋겠습니다.

질문 3 우리 교회에서는 매년 그해에 전도를 가장 많이 한 교인을 '전도왕'으로 시상해왔습니다. 보통은 1등에서 5등까지 시상했고 구역별로도 성적을 매겨 상을 주었습니다. 목사님께서도 지금까지 교회에서 해온 전도 포상 제도를 그대로 따르실 계획이십니까?

답 전도는 어떤 외적인 보상 때문에 하는 것이 아닙니다. 가령 보험 회사나 자동차 회사 영업부에서는 한 해 실적이 가장 좋은 직원에게 그런 상을 줄 수 있습니다. 그러나 교회에서는 그렇게 해서는 안 됩니다. 전도는 우리가 하나님께 값없이 받은 은혜에 감사하고 감격해서 기쁨으로 하는 마땅한 일입니다. 그런데 세상에서와 같이 전도 실적에 따라 등수를 매기고 그 결과에 비례하여 고가의 상품을 주는 행위는 복음전도라는 거룩한 일을 추하게 만들어버립니다. 교회가 이렇게 한다면 세상 기업들이 하는 방식과 무엇이 다릅니까? 또한 전도를 많이 하신 성도님들께서도 돈 몇 푼짜리 상품에 과도한 의미를 부여하기보다, 본인을 통해 천하보다 귀한 한 생명이 하늘 아버지의 품으로 돌아왔다는 사실에 초점을 맞추면 어떨까요. 별 볼 일 없는 나 같은 사람을 통해서 하나님께서 너무나 크고 놀라운 일을 행하신 것에 대한 감격과 기쁨이 너무 커서 다른 어떤 보상도 받을 필요를

아예 못 느끼실 거라 생각합니다. 아무튼 다시 한 번 말씀드
립니다만 앞으로 우리 교회는 오직 십자가의 복음에 대한
감격과 사랑과 기쁨으로 아무 대가 없이 전도하고 선교할
수 있는 순전한 믿음을 파수할 수 있기를 바랍니다.

**질문 4** 제가 알기로는 1997년 IMF긴급구제금융 사태 때 많은 교회가
교회 재정이 어려워지자 선교사님들에 대한 후원을 중단하거나
축소했습니다. 저희 교회도 비슷한 일을 겪었고요. 물론 우리나라
에 그때와 비슷한 일이 다시 벌어지지는 않겠지만 혹시 그런 날이
또 온다면 목사님께서는 어떻게 하실지 궁금합니다.

**답** 네, 우리나라에 그런 불행한 일이 두 번 다시 일어나서는 안
되겠지요(웃음). 앞서 말한 것처럼 앞으로 우리 교회가 해외
선교에 참여하는 방식을 실적 위주, 외형 위주의 정책에서
내실 위주로 전환한다면 이런 문제는 자연스럽게 해결될
것으로 봅니다. 아울러 기왕 이야기가 나왔으니까 말씀을
드린다면, IMF긴급구제금융 사태 때 톡톡히 경험했던 것처
럼 결국 한국교회가 약해지거나 쇠락하면 해외 선교의 동
력 자체도 약해질 수밖에 없습니다. 그런데 우리가 잘 알고
있듯이 지금 한국교회가 가파르게 쇠퇴하고 있지 않습니
까? 어떤 통계에 의하면 현재 매 주일 교회에 출석하는 개
신교인 수가 500만이 채 안 될 거라는 이야기도 있고, 어떤

조사기관에서 시뮬레이션을 해본 결과 2023년이 되면 현재의 교회 출석 인구에서 절반이 또 떨어져 나갈 가능성이 높다는 이야기도 있습니다. 만일 이런 일이 실제로 일어난다면 그때는 단순히 해외 선교사 후원만이 문제가 아니라 국내의 수많은 기독교 기관과 시설들, 거기에 종사하는 사람들의 생계 문제 등 총체적인 어려움에 봉착하게 될 것입니다. 그러므로 지금 우리가 정신을 똑바로 차리고 더욱 힘써야 할 것은 한국사회 안에서 개신교에 대한 신뢰를 회복하는 노력을 전개함으로써 개신교가 양적으로 더 이상 쇠퇴하지 않도록 하는 것입니다. 또 그것이 가능해지려면 전도를 단순히 말로 복음을 증거하는 차원에 국한시키지 않고 삶 전체에 걸쳐서 예수 그리스도의 향기를 드러내는 것으로 이해해야 합니다.

**질문 5** 목사님 말씀을 들으니 갑자기 우울해지려고 합니다(웃음). 말씀하신 것처럼 지금 한국교회가 하루가 다르게 어려워지고 또 성장이 안 되다 보니, 교회마다 경쟁적으로 전도에 힘을 쏟는 것 같습니다. 어떤 교회는 길거리에서 행인들을 대상으로 커피와 차를 대접하는 노력을 하기도 하고, 어떤 교회는 주택가(아파트 단지)를 돌아다니면서 주보와 교회 신문을 우편함에 넣어주기도 합니다. 그런데 저는 이런 노력들이 실제로 얼마나 효과가 있을지 의

문스럽습니다. 목사님은 이런 부분에 대해서 어떻게 생각하시는
지요?

답 우선은 각 교회들이 전도에 힘쓰는 것 자체를 부정적으로
보거나 폄훼해서는 안 됩니다. 교회들이 순전한 믿음과 열
심으로 그 일을 할 때, 주님은 분명 그런 모습을 기뻐하실
것입니다.

하지만 말씀하신 것처럼 노상에서 커피를 대접하거나
가정의 우편함에 주보를 투입하는 행위들은 조심해야 할
부분이 있습니다. 저는 개인적으로 오늘날 한국교회가 경
쟁적으로 펼치는 전도 행위의 가장 큰 문제는, 예수 그리스
도 그분 자체를 전하고 드러내기보다는 자신들이 몸담고
있는 교회를 전하고 드러내는 데 있다고 봅니다. 그래서 길
거리에서 커피를 대접하는 일도 순수한 동기에서 하기보다
는 일종의 종교적 호객 행위 비슷하게 펼쳐지는 경우가 종
종 있습니다. 또한 솔직히 교회 주보나 신문을 우편함에 투
입할 때도 일부러 교패가 있는 집만 골라서 하는 경우가 비
일비재하지 않습니까? 이것은 달리 말하면 다른 교회에 열
심히 잘 다니고 있는 사람을 도둑질하겠다는 심보와 다를
바 없습니다. 전도를 열심히 하는 것도 중요하지만, 과연 무
슨 동기와 목적으로 그것을 하느냐를 잘 성찰하고 분별하
는 일도 못지않게 중요합니다.

**질문 6** 한국교회 안에서 전도나 선교를 말할 때 마치 약방의 감초처럼 따라다니는 말이 있는데 바로 '땅밟기'라는 용어입니다. 목사님이 더 잘 아시는 것처럼 이 용어는 영적전쟁 개념으로 쓰이는 말인데, 전도대상자나 피선교지 주변을 돌면서 강력한 결박과 대적 기도를 수행하면 전도와 선교에서 더 큰 열매를 수월하게 맺을 수 있다는 논리입니다. 그런데 이런 개념과 관행 때문에 한국교회의 전도와 선교가 공격적인 것처럼 비치고, 또 이로 인해 오히려 많은 역풍을 맞고 있는 현실입니다. 땅밟기에 대한 목사님의 의견을 듣고 싶습니다.

**답** 전도와 선교가 기본적으로 영적전쟁이라는 점에는 동의합니다. 전도와 선교를 통해서 한 영혼을 주님께로 인도하는 일이 하나님과 사탄의 주권 싸움이기 때문입니다. 즉 한 사람이 예수 그리스도를 자신의 구세주로 영접하는 행위는 사탄의 주권 아래서 살던 이전의 생활을 청산하고 하나님의 주권 아래로 넘어오는 일이기 때문에 여기에는 필연적으로 영적 싸움이 일어날 수밖에 없습니다.

그러나 이런 영적 전쟁을 수행하는 데 있어서 땅밟기와 같은 미신적 행위를 벌이는 것은 성경의 가르침이 아닙니다. 이 점에 대해서는 정말 하고 싶은 말이 많지만 시간 관계상 이 자리에서는 세 가지만 말씀드리겠습니다.

첫째, 선교지에서 땅밟기를 적극 권장하고 실행하는 분

들이 내세우는 성경적 근거는 여호수아 6장에 나오는 여리고 성 점령 기사입니다. 곧 이분들이 내세우는 논리의 핵심은 여호수아서 본문에 근거하여 출애굽한 이스라엘 백성이 하나님의 명령에 순종하여 여리고 성 주변을 일주일간 돌았더니 마침내 여리고 성이 무너졌던 것처럼, 오늘날 교회와 성도들이 피전도자 혹은 피선교지 주변의 땅을 밟으면서 기도를 하면 그곳을 장악하고 있는 사탄의 권세를 정복하고 영혼을 추수할 수 있다는 논리입니다. 그런데 이분들이 간과하고 있는 요소들이 제법 많습니다. 그것은 우리가 여호수아서뿐 아니라 구약성경 전체를 읽어보면 수많은 전쟁기사가 소개되어 있는데 그중 소위 땅밟기처럼 보이는 본문은 오직 여호수아 6장 한 곳뿐이라는 것입니다. 따라서 땅밟기는 성경에서 자주 애용되거나 권장되는 전쟁수행방식이 아닙니다. 그리고 굳이 땅밟기를 할 것 같으면, 여호수아 6장에 묘사된 새벽에 일어나 여리고 성 주변을 돈 것과 또 성 주변을 도는 동안에는 절대적인 침묵을 지킨 것도 문자적으로 따르는 것이 더 합리적이지 않겠습니까? 그런데 이런 모든 요소를 무시하고 오직 땅밟기 자체에만 집착하는 것은 성경적 신앙태도라고 볼 수 없습니다.

둘째, 그럼에도 불구하고 이런 땅밟기와 같은 행위들이 유달리 한국교회 안에서 더 잘 먹히는 이유가 무엇인지 생각해볼 필요가 있습니다. 땅밟기가 우리 민족의 풍습과 정서에 아주 친숙하기 때문입니다. 우리 민족은 예로부터 음력 정초에 지신을 제압하고 잡귀를 물리침으로써 마을과 가정의 안녕을 빌던 지신밟기 행사를 가졌습니다. 따라서 땅밟기 기도는 이런 우리 전통 풍습에 억지춘향격으로 성경적 의미를 부여한 것입니다.

셋째, 성경 전체를 통틀어 영적 전쟁에 대한 가장 강렬하고 직접적인 언급을 하는 본문을 하나 꼽으라면 에베소서 6:10-18을 들 수 있습니다. 에베소는 고대 소아시아(오늘날 터키) 지역의 대표적인 도시로서, 세계 7대 불가사의 중 하나인 아르테미스 여신의 신전이 있던 곳입니다. 아르테미스 신전은 기원전 558년에 리디아 왕국의 마지막 왕이었던 크로이오스가 최초 건립한 것으로서, 55m×110m 크기에 기둥 개수만 127개에 달하는 엄청난 규모와 웅장하고 화려한 장식품으로 뒤덮인 건물입니다.

사도행전 19:21이하에는 사도 바울 일행이 에베소에서 선교를 하다 곤경에 처하는 장면이 나옵니다. 특별히 "크다 에베소 사람의 아데미여"(28절)와 "에베소 시가 큰 아데미와⋯우상의 신전지기가 된 줄을"(35절)이라는 표현이 나오는 것을 볼 때, 에베소 도시 전체가 아르테미스를 숭배하는 것을 매우 자랑스럽게 생각했던 것을 알 수 있습니다. 따라

서 기독교적으로 보면, 에베소는 도시 전체가 우상으로 가
득했습니다.

그런데 재밌는 것은 바울이 이 도시에서 선교를 하면서,
그리고 후일 이 도시에 있는 교회에 편지를 보내면서, 한국
개신교 일부에서 강조하듯이 땅밟기 기도를 하라고 하지
않는다는 것입니다. 오히려 바울은 에베소 6:10이하에 보면
신자들이 하나님의 군사로서 영적인 전신갑주를 더욱 힘써
입으라고 권면합니다. 따라서 성경적인 영적 전투의 개념
은 하나님이 우리에게 주신 구원의 은혜를 더욱 분명히 하
고, 하나님의 말씀에 온전히 서며, 믿음과 기도의 삶을 사는
것이지, 타종교의 사원에 침입하여 소란을 피우거나 재산을
파괴하는 식으로 타자에 대해서 공격적이고 전투적인 태도
를 취하는 것이 아닙니다.

우리는 전도와 선교를 수행할 때 삶 전체를 통해서 예수
그리스도의 사랑과 향기를 더욱 드러내는 인격적이고 관계
적인 방식을 지향해야 합니다.

11장

사역방침설명회:
사회참여

## 사회참여

신약성경 요한복음 10:16에 보면 "또 이 우리에 들지 아니한 다른 양들이 내게 있어 내가 인도하여야 할 터이니 그들도 내 음성을 듣고 한 무리가 되어 한 목자에게 있으리라"라는 말씀이 나옵니다. 저는 이 말씀대로 먼저는 우리 교인들을 성심껏 섬기고 돌보는 데 열중하고 교회 밖에 계신 시민 대중들과도 함께 소통하고 협력하며 연대하고 지원하는 일에 관심을 잃지 않을 것입니다.

이를 더 구체적으로 말씀드린다면, 예수님께서 당시 팔레스타인의 수많은 병자와 약자와 소외된 자들을 품고 목양하셨던 것처럼, 저도 이 시대의 사회적 약자와 소외된 자들을 배제하거나 외면하지 않고 그분들과 함께 연대하는 목회를 펼치도록 노력하겠습니다. 담임목사인 저뿐만이 아니라 우리 교회 전체가 사회적 약자들에 대해서 절대로 무관심하지 않기를 바랍니다. 교회는 성령충만한 공동체여야 합니다. 성령충만한 신자와 공동체는 하나님 아버지의 마음을 품고, 그 아버지의 시선을 가지고 살아가는 존재들입니다. 저는 하나님 아버지께서 성경 시대와 동일하게 오늘 우리 시대에도 굶주리고 헐벗고 상하고 낙심한 자들을 향한 애통하는 마음과 시선을 갖고 계시다고 믿습니다. 그리고 하나님께서는 그들을 치유하고 위로하는 일에 교회를 보내신다고 믿습니다. 성령충만한 교회는 바로 이런 하나님 아버지의 마음을 깊이 체감하는 가운데 그분이 보내시는 부르심에 순종하는 공동체입니다. 저는 우리 교회가 바로 그런 교회가 되기를 원합니다.

사회적 약자들을 섬기고 돌아보는 일에는 소극적인 방식과 적극적인 방식이 모두 가능합니다. 소극적 방식이란 우리 교회가 1년 예산의 얼마를 구제와 복지비로 책정해서, 이 지역에 소재한 형편이 어려운 분들의 보건과 의료와 영양 유지 등에 필요한 재원을 후원하거나 혹은 장학사업 등을 통해서 불우한 환경에 있는 청소년들을 돕는 일입니다. 이와 달리 우리는 좀 더 적극적인 방식으로 사회적 약자들과 연대하고 협력할 수 있습니다. 사회적 약자를 양산하고 또 그것을 강화시키는 불의한 구조와 제도를 혁파하고 개선하는 정치사회적 노력에 참여하는 방법으로 말입니다. 앞으로 우리 교회는 국가사회를 향한 예언자적 소명과 기능을 감당하려고 합니다.

부디 저의 말 뜻을 오해하지 않기를 바랍니다. 제가 우리 사회의 예언자적 역할을 수행하겠다고 해서, 허구한 날 반정부 투쟁이나 데모를 일삼겠다는 얘기가 아닙니다. 분명히 말씀드립니다만 교회는 정치 투쟁을 위해 조직된 집단이 아닙니다. 교회의 존재 이유와 소명의 일차적 내용은 예배와 봉사와 선교에 있습니다. 하지만 교회는 하나님께서 단순히 교회만의 왕이 아니시고 정부와 기업과 사회 조직 전체의 통치자라는 사실을 계속해서 선포하고 인식시켜야 할 책무가 있습니다. 그런 점에서 교회는 우리 사회 전반에 하나님의 진실과 공의가 확립되도록 노력해야 합니다. 저는 우리 교회가 민주적이고 평화적인 방식으로 이러한 소명들을 잘 감당하기를 바랍니다.

### 교회의 사회참여에 관한 목회방침

1. 먼저 우리 교우들 가운데서 경제적으로 어려운 분들을 잘 헤아리고 돕는 일에 교회가 불성실하지 않도록 조심하겠습니다. 지금 당장에는 이분들에게 현금이나 현물로 도와드리는 방법 외에는 뾰족한 수가 없겠지만, 중장기적으로는 교회가 사회적 기업을 창립해서 교우들에게 일자리를 제공하는 등의 방법을 강구해보도록 하겠습니다.

2. 현재 우리 교회에는 지방에서 올라와 학교를 다니거나 직장 생활을 하고 있는 청년들이 많습니다. 제가 조사한 바로는 이들 대부분이 자취를 하고 있습니다. 아마 제 짐작으로는 이들이 매달

감당해야 하는 주거와 식사 비용이 만만치 않을 것입니다. 저는 앞으로 교회가 어느 정도 경제적인 여력이 갖춰지는 대로 공동생활 공간을 장만해서 우리 교회 청년들이 공동체 생활을 하면서 경건 훈련을 받는 동시에 주거와 식사 등의 부담에서 벗어날 수 있게 지원해주고 싶습니다. 제 생각에는 수도권에 있는 많은 교회들이 이런 문제에 관심을 기울인다면 비슷한 문제로 고통당하는 수많은 청년들의 숨통을 열어줄 수 있을뿐더러 탈출구가 전혀 안 보이는 청년선교의 기회도 얻을 수 있을 거라 생각합니다.

3. 비슷한 맥락에서 앞으로 지역의 다른 교회들과 의논하고 협력하는 가운데 공동기금 등을 출자하여 마을기업 같은 것을 세우고 싶습니다. 꼭 기독교인이 아니어도 지역사회에서 일자리를 필요로 하는 분들에게 경제적 기회를 제공할 뿐 아니라, 이런 부분들이 과학적이고 체계적으로 자리를 잡으면 우리 지역의 특성을 잘 살리는 경제 공동체 등을 지속적으로 만들어갈 수 있지 않을까 하는 마음이 있습니다.

4. 교회가 사회적 이슈에 대해서 목소리를 내고 또 행동으로 참여해야 할 때에는 어떤 특정한 정파의 입장에 휘둘리기보다는 성경의 가르침을 깊이 상고하는 가운데 하나님께서 우리 사회에 원하시는 것이 무엇인지를 먼저 고려하도록 하겠습니다. 그리고 교

회 안에서 통일된 의견이 없는데도 목회자 개인이 독단적 판단으로 섣부르게 행동해서 교회에 갈등과 분열의 씨앗이 되지 않도록 조심하겠습니다.

5. 우리 교회의 사회참여 방법은 다음 요소들이 필수적입니다. 첫째, 사회의 어떤 문제와 이슈에 대해서 하나님 아버지의 통치가 실현되기를 간절히 기도하는 것입니다. 둘째, 교회가 행여라도 불의한 권력의 수종자가 되지 않기 위해서는 사회문제들에 대해서 비판적인 분별력을 갖출 수 있는 지속적인 학습과 연구가 뒷받침되어야 합니다. 셋째, 교회가 정부나 거대 기업 같은 권력 기관이 수행하는 어떤 프로젝트가 불의하거나 불합리하다고 판단될 때는 민주적이고 평화적인 방식으로 그것에 대한 항의와 거부 표시를 할 수 있습니다. 넷째, 교회가 중장기적인 안목과 계획을 가지고 인재를 양성하여, 가령 선거라는 방식을 통해서 국가사회의 의사결정을 집행하는 자리에 파송할 수 있습니다. 물론 이 말씀을 교회가 권력과 야합하거나 또는 권력을 탐하는 것으로 오해하지 않기를 부탁드립니다.

6. 저는 앞으로 우리 교회가 최종적으로 감당해야 할 사회참여의 영역은 남북통일이라고 생각하고 있습니다. 우리 교회는 앞으로 남북통일을 위해서 지속적으로 기도할 것입니다. 또한 다양한 연

구와 토론을 통해서 통일을 어떻게 준비해야 하는지, 통일 시대가 도래했을 때 무엇을 해야 하는지 등을 학습하려고 합니다. 이런 일들은 우리 자체적인 역량으로는 어려우니 외부의 전문기관이나 전문가들의 도움과 지원을 받도록 하겠습니다. 뿐만 아니라 현재 남한에 내려와 있는 새터민들과도 동반자적인 관계를 맺고 교류·협력할 수 있는 방안들을 모색하는 동시에 정부의 승인을 받아 북한 주민들을 실질적으로 도울 수 있는 방법들을 강구하겠습니다.

7. 이것들 외에도 우리 교회가 관심을 가지고 참여해야 할 문제들은 아주 많습니다. 생태계 파괴 문제, 원자력발전소 문제, 사회적 양극화 문제, 청년실업 문제, 공교육 정상화 문제, 가정 해체 문제 등등 우리 사회 전반에 산적해 있는 문제들이 한두 가지가 아닙니다. 저는 우리 교우들께서 영혼 구원이나 자기 가족들의 안위에만 관심을 쏟는 것이 아니라, 이런 문제들 전반을 생각하면서 우리 사회에 하나님의 공의와 긍휼이 더 많이 부어지기를 위해서 기도하는 책임 있는 신자가 되기를 원합니다. 또한 우리 교회 청년들 가운데서 행정기관이나 대기업에 취직하려고 안간힘을 쓰기보다 시민단체 등에 들어가 이런 문제들을 해결하는 데 생을 불태우는 젊은이들이 많이 나오길 바랍니다. 만일 우리 교회의 어떤 청년이 평생을 이런 분야에서 헌신하겠다고 작정한다면 저는 교회가 사회선교사 개념을 가지고 그런 청년들을 뒷바라지하고

격려하는 것이 옳다고 믿고 또 정말 그렇게 하고 싶습니다.

---------- **질의응답** ----------

**질문 1** 목사님께서 말씀하신 대로 우리 교회에도 경제적으로 고통당하는 교인들이 꽤 있다고 들었습니다. 그런데 그동안 교회에서 설이나 추석 때 그런 가정들을 찾아가서 도움을 주려고 했지만 의외로 완곡하게 거절하는 가정들이 있었습니다. 이렇게 교회가 주는 작은 도움도 부담스럽게 생각하는 교우들이 있는 현실에서, 지금 목사님이 말씀하신 내용들은 지나치게 거창하고 비현실적인 것 같은 느낌이 듭니다.

**답** 충분히 일리가 있는 말씀을 해주셨습니다. 사실 이 문제를 해결해가는 열쇠는 그다지 멀지 않은 곳에 있습니다. 교회가 구제 혹은 복지지원 사역을 할 때 가장 조심해야 할 것은 그것을 시혜 혹은 말 그대로 구휼 개념으로 이해하고 접근하는 것입니다. 이렇게 되면 교회는 항상 가진 자의 입장에서 베푸는 입장이고, 반대로 도움을 받는 분들은 약자의 입장에서 일종의 은덕을 입는 것이 되겠지요. 그렇게 되면 받는 분들이 당연히 기분 나빠하거나 자존심 상해할 수도 있습니다. 사실 그동안 저희 교회뿐 아니라 많은 교회들이 아주 작은 도움을 주면서 그것에 대해 엄청난 자화자찬을 늘

어놓으며 생색을 내지 않았습니까. 경제적 지원을 빙자해서 마음의 상처를 안겨주어서는 곤란합니다. 이런 부분들을 늘 조심해야 합니다.

저는 앞으로 우리 교회가 교회 안팎의 어려운 분들을 도와드릴 때 구제나 시혜가 아닌 '공유' 개념으로 접근했으면 합니다. 즉 하나님이 주신 선물을 함께 나누고 공유하는 것이지요. 그리고 앞서도 말씀드렸듯이 가난이나 실업의 문제는 개인적 문제라기보다는 사회구조적 문제에 가깝기 때문에 기왕이면 제도적이고 구조적인 접근을 통해서 이런 문제를 해결할 수 있는 대안을 만들어낼 수 있으면 좋겠습니다.

**질문 2** 저는 주일학교 교사입니다. 저희 반에 한부모가정 자녀가 한 명 있는데 이 사실은 저만 알고 다른 아이들은 모릅니다. 그래서 성경공부 시간에 가정에 관한 이야기를 하는 게 대단히 조심스럽습니다. 목사님은 교회 안의 한부모가정을 위해서 어떤 사역을 펼치실 계획이신가요?

**답** 원칙적인 면을 먼저 말씀드리면, 저는 우리 교회에 속한 모든 지체의 가정이 성령 안에서 건강하고 행복하기를 간절히 바랍니다. 그러나 현실은 수많은 가정이 이러저러한 이유로 고통을 당하고 있는 것이 사실입니다. 우선 이번 주부터 당장 질문하신 내용에 해당하는 한부모가정과 소년소녀 가장, 독거노인 등의 실태를 종합적으로 파악하겠습니다. 그리고 현재 우리 교회가 동원할 수 있는 가용범위 내에서 이분들의 생활 안전을 위한 섬김 방안을 찾아보겠습니다. 먼저 한부모가정의 아이들이 보다 안정된 환경에서 공부에 전념할 수 있도록 교회가 직접 장학금을 제공하는 방법이 있습니다. 방과 후 일정 시간 동안 돌봄 사역을 추진할 수도 있고요. 이와 더불어 구청이나 주민센터의 담당 공무원들과 협력하여 더 실제적으로 도울 수 있는 방안들을 찾아보겠습니다.

그리고 저는 이 분야를 전공한 사람이 아니기 때문에, 중장기적으로는 이 분야의 전문가를 세우고 또 해당 조직을 구성해서 앞에서 말씀하신 분들을 체계적이고 항구적으로 섬길 수 있는 방법을 모색해보겠습니다. 이 부분에 대한 제 지식과 문제의식의 범위가 얕음을 너그럽게 양해해주시면 고맙겠습니다.

**질문 3** 교회에서 장학생을 선발할 때 본 교회 학생들에게만 한정시키지 말고 지역의 학교들과 협력하여 꼭 필요한 학생들을 선발하여 지원하는 것에 대해서는 어떻게 생각하시는지요?

**답** 네, 물론입니다. 앞으로 교회 장학위원회를 통해서 우리 교회 주변에 소재한 학교들의 재학생 가운데서 경제적으로 학업을 유지하기 어려운 학생들의 실태를 확보하여 도울 수 있는 방안을 마련하겠습니다. 우리 교회 학생들은 물론이고 교회를 다니지 않는 학생들까지 골고루 혜택을 받을 수 있게 하겠습니다.

그리고 이런 일은 최대한 조용히 진행하겠습니다. 특히 예배 시간에 공개적으로 장학증서를 수여하는 일은 없을 것입니다. 대신 장학위원회에서 별도로 해당 학생들을 만나서 전달하는 방식이나 아니면 아예 공공기관이나 학교로 직접 전달하는 방법을 연구해보겠습니다.

**질문 4** 지금까지 우리 교회를 위시하여 대다수 교회들이 소외된 사람들을 음양으로 많이 도와온 것이 사실입니다. 그런데 이런 사실이 개신교 밖의 사람들에게는 잘 알려지지 않은 경우가 많습니다. 그래서 교회에 비판적인 사람들은 개신교가 '이기적'이고 '탐욕스럽다'는 말을 공공연하게 내뱉습니다. 목사님, 어떻게 하면 그들에게 교회가 어려운 사람들을 돕기 위해 노력하는 것을 알려 우리의 진심을 보여줄 수 있을까요?

**답** 저도 그런 소리를 들을 때면 안타까운 마음을 금할 길이 없습니다. 그럼에도 우리는 사람들이 교회의 진정성을 몰라준다고 불평하기 전에 교회가 왜 그런 평가를 받게 되었는지를 성찰해봐야 합니다. 우리 개신교가 타종교에 비해 월등히 많은 사회복지와 구제사업을 벌임에도 사회적 인식이나 평가가 박한 데는 크게 세 가지 이유가 있습니다. 첫째는 그동안 개신교의 복지 사역이 주로 비전문가들에 의해서 주도되었기 때문에 결과적으로 사역의 효과나 영향력이 미미했던 측면이 없잖아 있습니다. 한마디로 주먹구구식이 많았다는 이야기입니다. 둘째는 우리 개신교의 복지 사역이 대부분 개교회 위주로 진행되다 보니 교회가 보유하고 있는 자원들이 한곳으로 집중되지 못하고 산만하게 분산되었습니다. 그러니 당연히 사람들 눈에 띄지 않을 수밖에요. 셋째는 대부분의 교회가 복지 사역을 교회 성장의 수단으로만 사용한 탓에 일반 시민들에게 좋은 평가를 받을 수 없었습니다. 따라서 우리 교회는 앞으로 외부 단체나 개인을 지원하는 사역을 전개할 때는 우선적으로 이런 점들을 고려하면서 지혜롭게 할 생각입니다.

질문 5　개인적으로 앞서 목사님께서 교회가 관심을 가져야 할 사회적 책임의 영역 가운데 가장 먼저 환경생태계 보호와 원자력발전소 문제를 언급하신 것이 예사롭지 않게 보였습니다. 혹시 가능하시다면 이 부분을 좀 더 구체적으로 말씀해주실 수 있으신지요?

답　글쎄요, 제가 환경전문가가 아니어서 얼마나 구체적으로 말씀을 드릴 수 있을지는 잘 모르겠습니다(웃음). 과거에는 윤리의 대상이.자기 자신이나 혹은 가까운 이웃에게만 국한 되었습니다. 즉 어떤 사람이 얼마나 윤리적인가를 평가할 때 그 사람이 얼마나 정직하고 착한 성품의 사람인지, 또는 이웃에게 얼마나 선한 행동을 하는지를 기준으로 삼았습니다. 그러나 오늘날은 윤리의 대상 범위가 훨씬 더 넓어졌습니다. 사람이 자연환경에 대해서 어떤 태도를 취하는지, 또한 우리 세대뿐 아니라 다음 세대에게 어떤 역사적·사회적 책임의식을 갖고 있는지 등이 전부 윤리의 내용이 되었습니다. 그런 점에서 보자면 생태계 보호 문제는 단순히 우리 세대가 더 쾌적하고 아늑한 환경에서 사는 문제가 아니라 자연과 나아가 다음 세대에 대한 윤리적 책임의 문제입니다. 우리 민족의 운명을 한순간에 말살할 수도 있는 원자력 문제도 마찬가지입니다.

저처럼 작은 규모의 지역교회 목회자가 지나치게 거대 담론 차원에서 생태계 보호를 말씀드리는 것은 분수에 맞지 않을 것 같습니다만 이 문제와 관련해 우리 교회도 실천할 만한 방법이 몇 가지 있습니다. 먼저 우리가 자연과 다음 세대에 대한 윤리적 책임을 지고 있는 그리스도인이자 시민의 일원이라는 점을 인식하는 것입니다. 그리고 교회와 교인 여러분의 가정에서부터 에너지를 절약하고 자원을 재활용하는 일을 습관화시키자는 것입니다. 교회 차원에서 말씀드린다면 앞으로 교회에 태양광 에너지를 활용하는 방안을 적극적으로 고려하겠습니다. 또한 기왕이면 여러분도 주일에 교회에 오실 때 대중교통이나 자전거를 더 자주 이용하시기를 권장하고 싶습니다. 나아가 간담회 처음에 말씀드린 것처럼 우리 교회가 대형교회를 지향하지 않는다면 결과적으로 큰 건물이 필요 없어지고, 그렇게만 해도 상당한 에너지를 절약할 수 있지 않겠습니까? 결국 자연과 다음 세대에 대한 윤리적 책임을 감당할 수 있느냐 없느냐 하는 문제는 우리들 한 사람 한 사람이 기존에 별 문제의식 없이 당연하게 누리던 문명의 이기들을 많이 절제하고, 불편함을 자발적으로 받아들일 수 있느냐 하는 결단에 달려 있습니다. 저는 이런 결단을 가리켜 일종의 '사회적 회심'이라고 부르고 싶습니다. 오늘 우리 한국교회는 예수 그리스도를 자신의 구세주로 영접하는 개인적 회심과 더불어 이런 사회적 회심들이 더 많이 일어나야 할 때라고 생각합니다.

**질문 6** 목사님, 선거철만 되면 교회 안에 잡음이 많습니다. 법적으로 분명히 금지되어 있음에도 불구하고 목회자들이나 교회지도자들이 설교 시간과 회의석상 등에서 공공연히 자신들의 정치적 소견을 피력함으로써 분위기를 혼탁하게 만드는 경우가 종종 있었습니다. 또 선거에 입후보한 사람들을 예배 시간에 인사시키는 등의 방식으로 특정 정당이나 후보를 밀어주는 행태도 있었습니다. 솔직히 저는 이런 모습을 볼 때마다 대단히 불쾌했습니다. 목사님께서는 이런 일을 어떻게 생각하시는지요?

답 꼭 필요한 말씀을 해주셔서 감사드립니다. 앞으로 우리 교회에서는 설교나 회의석상에서 저를 포함한 그 누구도 특정 정당을 지지하거나 후원하는 발언을 하지 못하도록 철저히 경계하겠습니다. 교회가 특정 정치 집단의 앞잡이 노릇을 하거나 선전도구로 전락함으로써 교인들 사이의 연합과 화평을 깨뜨리는 것이 옳지 않기 때문입니다.

방금 지적해주신 내용들은 한국교회 안에 관행적으로 내려온 문제입니다. 많은 목회자들이 예배 시간에 선거에 출마한 정치인들을 소개시키는 것은 자신이 유명 정치인과 교분 관계가 있음을 은근히 자랑하고 싶거나, 혹은 유명 정치인과 사적인 관계를 공고히 함으로써 차후에 교회 인허가 문제와 같은 행정적인 도움을 얻고자 하는 심리 때문이 아닌가 하는 추측을 해봅니다. 어찌 되었든 간에 하나님께 드리는 예배 시간을 정치인의 홍보무대로 만드는 것은 매우 잘못된 일입니다.

하지만 교회가 신앙의 순수성을 내세워 정치 문제에 기계적인 중립을 고수하는 것 역시 바람직하지 않다고 생각합니다. 교회가 특정 정치 집단이나 개인의 입장을 대변하는 선전도구가 돼서는 안됩니다. 그러나 기독교 복음은 근본적으로 정치적 성격을 지니고 있음을 잊지 말아야 합니다. 복음을 뜻하는 헬라어 '유앙겔리온'은 본시 로마제국 안에서 새로운 황제의 등극을 알릴 때만 사용되던 정치적 용어였습니다. 신약성경 저자들이 이 용어를 예수 그리스도에게 적용한 것은, 예수님이 로마황제를 대신하고 대치하는 진정한 통치자라는 것을 말하고자 함이었습니다. 그리고 이런 이유로 초대교회 성도들이 로마황제가 아닌 예수 그리스도만이 진정한 왕이시라는 고백을 하고 기꺼이 순교의 제물이 되었던 것입니다. 따라서 저는 앞으로 우리 사회의 수많은 현상과 이슈들에 대해서 그것이 하나님 보시기에 어떠한지, 또 성경적으로 볼 때 어떠한지를 끊임없이 묵상하고 연구하면서, 이것들이 하나님의 통치를 거스른다면 과감히 예언자적 음성을 발할 것입니다. 물론 그 일은 어떤 정치적 이해관계나 득실을 고려하지 않고 오직 제 신앙 양심에 비추어 정직하고 성실하게 행할 것입니다.

앞서도 말씀드린 것처럼, 교회가 특정 정치 세력이나 정치인들과 가깝게 지내면서 행정적인 편의를 제공받는 것은 잘못된 일입니다. 그러나 우리 사회에 유능하고 정의로운 정치인들이 많이 필요하다는 것을 감안할 때, 그리고 정치 역시 예수 그리스도의 구속의 은혜와 통치가 절실히 필요한 영역이라는 점을 고려할 때, 교회가 중장기적으로 훌륭한 그리스도인 정치인들을 발굴하고 훈련시키는 일에 관심을 기울이는 것이 꼭 나쁘다고는 생각하지 않습니다.

**질문 7** 저는 목사님 말씀을 들으면서 특별히 통일을 준비하는 것에 대해 언급하실 때 참 좋았습니다. 혹시 가능하시면 통일에 대한 목사님의 생각을 더 상세하게 말씀해주실 수 있으신지요?

**답** 우리 민족에게뿐 아니라 한국교회를 위해서도 남북통일은 꼭 필요한 일입니다. 남북통일은 성경이 요구하는 평화와 화해의 복음을 실천하는 한국교회의 가장 큰 과업이기 때문입니다. 한국교회는 통일을 통해서 민족적으로는 수많은 이산가족들의 한과 눈물을 닦아주고 지난 반세기 이상 지속되어온 증오와 대결의 역사에 종지부를 찍을 수 있으며, 남북의 젊은이들이 전쟁과 살상 연습을 중단할 수 있습니다. 교회적으로는 선교의 지경이 확장될뿐더러 북한의 지하교회가 재건되고 선교의 자유가 보장됨으로써 오랫동안 북녘의 성도들이 하나님 앞에서 흘렸던 눈물을 보상받을 날을 앞당길 수 있게 해줍니다.

그런데도 아직까지 한국교회는 통일을 준비하는 데 어떤 구체적인 지침이나 매뉴얼을 장만하지 못한 실정입니다. 그런 점에서 볼 때 독일의 통일 과정에서 서독교회가 걸었

던 역사적 발자취는 한국교회에 시사하는 바가 상당히 큽
니다. 독일이 1945년에 미국과 소련 주도의 연합군에 의해
서 서독과 동독으로 양분되었지만, 그 후에도 독일의 개신
교는 하나의 교단과 총회 정책을 고수했습니다. 서독교회의
지도자들은 동독교회를 정기적으로 방문해서 교제하며 신
뢰관계를 유지했고 또 서독교회도 재정적으로 동독교회를
지속적으로 도왔습니다. 베를린 장벽이 붕괴된 이후에는 서
독교회가 동독 지역의 기독교민주당 후보들을 도와서 구동
독 지역 주 정부들의 실권을 획득하는 데 크게 기여했고, 그
결과 동독 지역의 실권을 장악한 기민당 정치인들이 서독
의 기민당 정권과 연합하여 마침내 통일에 이르게 된 것입
니다. 아주 거칠고 단순하게 표현하자면 독일의 통일 과정
에서 독일 개신교가 절대적인 역할을 한 셈입니다.

독일 통일 과정에서 교회의 역할을 참조하고 또 현재 남
북관계의 특수성을 고려하면서 우리 한국교회가 하나님의
화해와 평화의 대사가 되어 깊게 골이 패인 남북 사이에서
가교 역할을 감당한다면, 하나님께서 우리 민족에게도 반드
시 통일의 기회를 주실 것으로 믿습니다. 저는 우리 교회가
그 사명을 위해서 함께 기도하고 노력하는 공동체가 되기
를 소망합니다.

# 12장

# 지역 목회자들과의 간담회

존경하는 목사님들을 뵙게 되어 영광입니다. 목회 사역으로 바쁘실 텐데 이렇게 보잘것없는 사람의 초청을 흔쾌히 수락해주셔서 감사드립니다. 저는 얼마 전 이 교회에 새로 부임한 아무개 목사입니다. 저는 저희 교회로부터 청빙을 받고 처음에는 몹시 망설였습니다. 과연 제가 담임목사로서 이 교회를 잘 섬기고 돌볼 수 있을지에 대한 확신이 서지 않았기 때문입니다. 더욱이 저희 교회는 전임목사님이 불명예스럽게 퇴임을 하셨기에 더욱 주저되었습니다. 그러나 홀로 깊이 기도하면서, 어려움에 빠진 교회를 말씀위에 바로 세우고 상처받은 교인들을 치유하고 회복시키고 싶은 일념에서 청빙을 수락했습니다.

오늘 이 자리를 마련한 것은, 이 지역에 새로 부임한 한 교회의 담임목사로서 먼저 이 지역에서 오랫동안 목회해오신 선배 목사님들께 인사드리는 것이 도리라고 생각했기 때문입니다. 일일이 찾아뵙고 인사를 드리는 것이 마땅하지만, 여러 가지 형편상 그렇게 하지 못하고 이런 자리를 마련한 것을 너그럽게 용서해주시길 바랍니다. 또 한 가지 아무래도 저는 이 지역 사정에 문외한이다 보니, 개인적인 의욕과 구상은 넘치지만 실제로 이 지역에서 어떤 식으로 목회를 해야 하는지, 그리고 여러 선배, 동료 목사님들과 어떻게 협력해야 하는지에 대한 구체적인 지식과 정보가 없습니다. 그래서 오늘 이런 자리를 통해서 여러 목사님의 고견과 조언을 듣고 싶은 마음이 간절합니다. 물론 목사님들께서 제게 궁금하신 것들을 물어보시면 저도 성심껏 답변드리겠습니다.

사실 그동안 우리 지역에서 이런 자리가 얼마나 자주 있었는지는 잘 모르겠습니다. 오늘 일부러 시간을 내서 참석해주셨으니 준비한 다과를 드시면서 평소 목회하시면서 아쉽거나 궁금했던 부분들을 서로 기탄없이 나누고 교제의 정분을 쌓으면 좋겠습니다. 특별히 우리 지역의 교회들이 당면한 문제와 한국교회 전반에 깊이 뿌리내린 문제들을 어떻게 해결할 수 있을지, 그 일을 위해서 여기 모인 우리가 어떻게 서로 힘을 합할 수 있을지에 대해 허심탄회하게 얘기하며 교제하는 시간이 되기를 원합니다.

## 간담회 내용

**질문 1** 저희도 목사님을 뵙게 되어 기쁘고 반갑습니다. 하나님께서 목사님께 합당한 은혜와 능력을 주셔서 앞으로의 목회에 점점 더 많은 열매를 맺으시기를 바랍니다. 아마도 목사님께서는 이제 막 담임목회를 시작하시니 마음에 큰 의욕과 다양한 아이디어들이 있으실 것 같습니다. 그러나 이 지역에서 오랫동안 목회를 해왔던 제 입장에서 보면 요즘은 교회 성장은커녕 현상 유지도 버겁기만 합니다. 지금은 더 이상 전도도 안 될뿐더러 기존에 교회를 출석하던 성도들마저 떠나기 일쑤입니다. 목사님께서도 앞으로 목회를 하시다 보면 이런 부분들을 실제적으로 느끼실 거라 생각합니다. 교회 내부적으로는 성장의 동력을 잃어버리고, 교회 외부적으로는 개신교에 대한 시각과 감정이 극도로 악화되어 있는 현 시점에서 과연 목사님께서는 어떤 방법으로 목회를 해나가실지 걱정스럽기도 하고 다른 한편으로는 궁금하기도 합니다.

답 어느 모임이든지 말문을 처음 여는 일이 어렵고 중요한데 이렇게 시작을 해주셔서 감사드립니다. 말씀하신 것처럼 지금 한국 개신교는 최악의 상황입니다. 오늘 한국교회의 모습은 마치 머리카락을 잘린 삼손과 같은 형국입니다. 삼손은 하나님께 특별한 부르심을 받은 사람이었습니다. 그러나 그가 불순종하고 방탕한 삶을 살자 하나님은 그에게 주셨던 소명과 능력을 거두어가시고 블레셋 사람들의 손에 넘기셔서 부끄러움을 당하게 하셨습니다. 하나님께서는 한때 한국교회에 전 세계 교회가 부러워할 만큼의 큰 은혜와 복을 주셨습니다. 하지만 우리가 하나님께 받은 은혜의 본질을 잊어버리고 이생의 자랑과 탐욕의 노예가 되어 살자, 이

제 하나님께서는 한국교회를 세상 사람들의 입과 발에 마구 짓밟히게 만드셨습니다.

이런 상황에서 한국교회가 살 길은 회개하고 돌이켜 교회의 본질을 회복하는 것밖에는 없습니다. 한국교회가 하나님을 빙자해서 맘몬과 권력을 숭배했던 죄를 회개하고, 신령하고 거룩한 교회의 본질을 되찾는 것만이 살 길입니다. 외람된 말씀이지만 저는 앞으로 교회의 본질을 회복하는 일에 제 목회생명을 걸고 싶은 마음이 간절합니다. 그리고 저와 저희 교회뿐 아니라 우리 지역 교회와 이 땅의 수많은 교회들이 모두 교회의 본질을 회복하는 은혜를 함께 누리길 간절히 소망하고 있습니다.

**질문 2** 교회가 본질을 회복해야 한다고 지적해주셨는데 참으로 적절한 말씀이라고 생각합니다. 저도 오늘날 한국교회가 맛을 잃은 소금처럼 밖에 버려져 사람들의 발에 짓밟히는 것은 교회의 본질을 상실했기 때문이라고 믿고 있습니다. 그렇다면 목사님은 왜 한국교회가 본질을 잃어버렸다고 생각하시는지요?

**답** 저와 같은 생각을 하고 계시다니 동지를 만난 듯하여 기쁩니다(웃음). 한국교회가 본질을 상실한 데는 여러 이유가 있을 것입니다. 그러나 오늘은 특별히 목회자들이 모인 자리이니, 이 문제를 목회자들과 연결지어 생각해보고 싶습니다. 저는 한국교회가 본질을 잃어버리고 타락한 가장 큰 이유가 바로 목회자들의 '목회성공병'에서 기인한다고 판단하고 있습니다. 제가 말씀드린 목회성공병이란 교회의 크기와 규모를 목회의 성공, 혹은 인생의 성공으로 간주하는 것을 말합니다. 사실상 이 병에서 자유로운 목회자는 그리 많지 않을 것입니다.

목회 성공을 교회의 크기와 규모에 두면 자연히 대형교회를 추구할 수밖에 없습니다. 교회 크기에 비례해서 목회자 개인의 삶과 사역도 성공한 것으로 인정받기 때문입니다. 대형교회를 지향하거나 또는 대형교회가 되면, 교회의 모든 시스템과 문화와 정서가 기업화될 수밖에 없습니다. 일단 교회를 성장시켜야겠다는 목표가 정해지면 교회의 모든 가용 자원을 오로지 그 방향으로 집중해야 하기 때문입니다. 또 그렇게 해서 확보한 막대한 인력과 자원을 관리하기 위해서는 모든 것을 체계적으로 조직하여 효율성을 극대화시켜야 합니다. 그래서 교회 일꾼을 세울 때에도 개인의 믿음과 인품과 소명을 보기보다는 실력과 스펙을 더 중시하게 됩니다. 그렇게 되면 교회가 인격적인 교제 중심의 공동체가 아닌 일 중심, 결과 중심의 조직으로 변질되는 게 당연합니다.

교회의 외형적 크기로 목회 성공을 평가받기 원하는 목

회자들은 하나님 중심의 목회가 아닌 사람 중심, 더 구체적으로는 종교 소비자 중심의 목회를 추구할 수밖에 없습니다. 이들의 목표는 더 많은 사람을 모으는 것이고, 그러려면 사람들의 종교적 구미와 기호를 충족시킬 수 있는 종교 상품을 내놓아야 하기 때문입니다. 그래서 설교도 사람들이 좋아하는 혹은 필요로 하는 내용이 되고, 특별히 오늘날처럼 사람들의 종교적 기호가 다양화된 사회에는 그런 필요에 맞춰 수많은 신앙 프로그램을 개발하여 제공하는 데 눈이 뜨일 수밖에 없습니다. 바로 이때부터 복음은 하나의 종교 상품으로 전락하게 되고, 신자는 성도가 아닌 종교 시장의 중요 고객으로 등극하고 맙니다. 이런 상황에서는 우리가 하나님께 드리는 예배조차도 사람들의 구미에 맞춰 연출하고 공연하는 종교 쇼가 될 수 있습니다.

　실제로 언제부터인가 한국교회 안에서 이런 방면으로 많은 에너지를 쏟은 교회들이 급성장하고, 유명해지고, 영향력을 행사하기 시작했습니다. 그리고 이렇게 큰 교회를 일군 목회자들이 다른 목회자들보다 더 신령하고 영험한 목회자, 또는 하나님께 더 많은 사랑을 입은 목회자라는 인식마저 생겨났습니다. 한마디로 종교 슈퍼스타가 출현한 것입니다. 문제는 이 순간부터 교회가 하나님의 것이 아닌 그 교회를 일군 슈퍼스타 목사의 왕국이 된다는 데 있습니다.

목회자에 의한 교회 사유화가 이루어지는 것입니다. 이런 교회에서는 슈퍼스타 목사의 생각과 말이 곧 법이고 신학입니다. 그리고 견제받지 않는 권력이 부패하듯이, 교회를 자기 왕국화시킨 목회자들은 결국 교회 안에서 각종 전횡을 일삼으면서 부패의 온상으로 전락하고 맙니다.

뿐만 아니라 대형교회를 일굼으로써 어느 정도 인생과 목회에 성공했다고 생각하는 목회자들은 그 목회의 터전과 열매를 다른 사람에게 순순히 양도하지 못합니다. 그래서 오늘날 한국의 수많은 중대형 교회에서 목회직 세습이 일어나는 것입니다. 심지어 은퇴 이후에도 마치 조선시대 왕이나 왕비들이 구중궁궐에서 뒷방 정치를 펴듯이 뒤에서 후임 목사에게 감놔라 배놔라 하면서 영향력을 행사하는 일종의 상왕 목회를 하기도 합니다. 또한 중대형 교회 목회자들의 경우 어느 정도 자신이 원하는 규모의 교회 성장이 달성되었다고 판단되는 순간, 이제 그 욕망과 에너지를 자신이 섬기는 교회 밖으로 향하게 함으로써 교단 정치에 깊숙이 발을 들여놓는 경우가 허다합니다. 제가 보기에는 이런 일들이 모두 목회자의 목회성공병에서 기인하는 것들입니다.

한편으로 목회성공병은 목회자 자신에게만 독이 되는 것이 아니라 교회의 리더십은 물론이고 일반 성도들에게도 매우 안 좋은 영향을 미칩니다. 가령 본인이 직접 교회를 개척해서 큰 교회로 키워낸 목회자가 생존하거나 혹은 여전히 영향력을 미치고 있는 동안에는 표면적으로는 두드러지게 나타나지 않을 수 있지만, 개척 1세대 목회자가 사라진 다음에는 교회의 당회와 같은 최고의결기구가 마치 기업의 이사회 같은 역할을 하는 것을 어렵지 않게 볼 수 있습니다. 기업에서 신임 CEO가 주주들이 원하는 만큼의 경영 실적을 못 내면 즉각 해임조치를 취하듯이, 대형교회 역시 새로운 목회자가 전임목회자만큼 양적인 부흥을 유지하지 못하면 해임 압력에 시달릴 수밖에 없는 현실입니다.

대형교회는 목회자만 교회 크기를 목회 성공으로 간주하는 것이 아니라, 일반 교인들도 교회 크기를 자기 신앙 수준으로 간주하는 일들이 비일비재합니다. 신앙의 깊이와 수준은 본시 하나님과 일대일의 인격적 관계의 영역에 속한 것으로서 그것을 논하고 판단할 수 있는 분은 오직 하나님 한 분뿐이십니다. 그럼에도 교회의 외적인 규모를 자기들의 신앙수준으로 해석하는 일들이 다반사입니다. 실제로는 신앙의 깊이와 성숙이 부족한 사람이 규모가 크고, 예배가 화려하고, 프로그램이 다양하고 또 유명 인사들이 많이 출석하는 교회에 다닌다는 이유로 스스로 신앙 좋은 신자라고 착각하는 것입니다. 이렇게 목회자의 세속적 기준에 근거한 목회 성공 야망은 단순히 목회자 개인의 영성에만 손해를 끼치는 것이 아니라 교회 전체를 병들게 하는 치명적인 문제입니다.

솔직히 지금까지 상당수의 한국교회가 너나 할 것 없이 이런 식의 목회와 교회를 꿈꾸어왔습니다. 그러다 보니 정작 교회의 성경적 본질은 상실하고, 오히려 교회가 기업화되어 종교 이윤을 추구하는 이익집단처럼 기능하고 있는 것입니다. 그런 모습이 일반 시민들의 눈에 혐오스럽게 보이고, 이런 요인들이 함께 상승작용을 일으켜 오늘날 한국교회가 사람들에게 손가락질을 당하는 지경까지 온 것이 아닌가 싶습니다.

질문 3 아직 간담회 초반임에도 불구하고 벌써부터 대화의 열기가 후끈 달아오르는 것 같습니다(웃음). 저는 조금 다른 질문을 드리고 싶습니다. 제가 뒷조사를 한 것은 아니지만 어쨌거나 여러 경로를 통해 들은 바에 의하면 목사님께서는 소위 스펙이 아주 뛰어나거나 화려한 분은 아니신 걸로 알고 있습니다. 사실 요즘같이 교인 몇십 명만 되는 교회에도 담임목사 청빙 때 수백 통의 이력서가 쇄도하는 때에, 어떻게 보면 해외유학파나 박사학위 소지자가 아닌 분이 아주 큰 교회는 아니지만 그래도 나름대로 전통 있는 교회에 담임목사님으로 오신 것이 신선하기도 하고, 의아하기도 하고 그렇습니다. 실례가 아니라면 목사님이 생각하시는 목회자의 조건이나 자질은 어떤 것인지 나눠주시면 감사하겠습니다.

답 솔직히 말씀드리면 처음 저희 교회에서 청빙 요청을 받았을 때 가장 놀란 사람은 바로 저 자신이었습니다. 왜냐하면 말씀하신 것처럼 저는 특별한 이력이나 화려한 스펙이 없는, 지극히 평범한 목회자이기 때문입니다. 그런 제게 이런 과분한 기회를 주실 거라고는 예상하지 못했기에 청빙을 받고서 한동안 무척 당혹스러웠습니다. 제 자신의 능력이나 자격으로 이 교회의 담임목사가 된 것이 아니라, 전적으로 하나님의 은혜와 교회의 사랑으로 된 것임을 잘 알기에 저는 앞으로 더욱 겸손하고 성실하게 맡겨주신 목회직무를 잘 감당하려고 합니다.

언급하신 것처럼 갈수록 담임목사 청빙을 받는 것이 어려워지고 있습니다. 이는 한국교회 전체가 크게 쇠퇴하고 있는 데 반해 매년 신학교에서 배출하는 예비 목회자들의 숫자는 너무 많은 탓이라고 생각합니다. 신학교를 졸업하고 목사가 되어도 담임목사가 될 수 있는 가능성이나 기회가 너무 적다 보니, 젊은 목회자들이 더 나은 스펙을 쌓는 데 혈안이 되어 있습니다. 물론 교회의 영적 지도자가 될 사람들이 이왕이면 공부도 많이 하고 학위도 받을 수 있으면 그렇게 하는 것이 잘못된 일은 아닙니다. 그러나 현재와 같은 식의 목회자들의 스펙 경쟁은 분명 문제가 심각합니다.

오로지 담임목사가 될 요량으로 스펙을 쌓다 보면 이런 문제들이 생길 수밖에 없습니다. 첫째, 목사가 된 본래의 목적이 하나님께서 맡겨주신 영혼을 사랑하고 복음을 힘써 전하며 공동체를 건강하게 돌보기 위함인데, 그런 애초의 소명과 취지는 잃어버리고 오로지 담임목사가 되는 것 자체가 인생의 궁극적 목표가 될 수 있습니다. 둘째, 너무 오랜 시간을 스펙 쌓는 데만 쏟다 보면 현장을 이해하고 공감하는 능력을 상실한 채 오로지 책상머리에서 맴도는 목회자 혹은 설교자가 될 수 있습니다. 셋째, 사실상 목회자 개인의 영성이나 인품과 스펙은 큰 상관관계가 없음에도 스펙 쌓기에 너무 많은 에너지를 허비하느라 정작 목회자에게 꼭 필요한 영성과 성품 수련은 등한할 수 있습니다.

그런 점에서 다시 제 개인적인 말씀을 드린다면, 저는 제 자신이 대단한 스펙을 갖추지 못한 것이 어떤 면에서는 참으로 다행스러운 일이라고 생각합니다. 또 저의 부족함을 누구보다 제 자신이 잘 알고 있기 때문에 목회 현장에서 더욱 성실하고 겸손하게 처신하려고 노력하고 있습니다.

**질문 4** 혹시 목사님 개인의 영성관리 비결이나 설교준비 비법 같은 것을 알 수 있을까요?

**답** 하하, 대답하기 가장 곤란한 질문을 주셨군요. 무슨 특별한 영성관리 비법 같은 것은 없습니다. 저는 매우 전통적인 한국교회의 영성관을 가진 사람입니다. 새벽기도를 소중하게 생각하고, 새벽기도 후에는 반드시 일정 시간에 걸쳐서 말씀을 연구하고 묵상하는 시간을 갖고 있습니다. 또 특별한 일이 없는 한 퇴근 전에 반드시 강단에 엎드려 교회와 성도들의 가정을 위해서, 그리고 나라와 민족을 위해서 기도하고 있습니다.

저는 목회자가 자신의 영성관리를 위해서라도 항상 기도하는 일을 게을리해서는 안 된다고 생각합니다. 어떤 의미에서 목회자에게는 기도의 능력이 나타나야 한다고 믿습니다. 교인들이 어려움으로 고통당하고 있을 때 목회자가 말뿐이 아니라 강력한 기도로 그들을 도울 수 있어야 한다고 믿기 때문입니다. 그러나 목회자의 진정한 영성은 그의 성품과 삶으로 드러나야 한다고 믿습니다. 곧 목회자가 예수님을 닮은 온유하고 겸손하며 화평한 사람으로 성장하고 있는가, 다른 사람과의 관계에서 예수님의 마음과 성품을 드러내고 전달하는 사람인가, 나아가 사회적 불의에 비겁하게 동조하거나 침묵하지 않고 가난한 자와 아픈 자들과 함께 울고 그들을 위해 행동할 수 있는 사람인가가 더 중요한 영성의 요소라고 생각합니다.

여기 계신 목사님들께서도 마찬가지겠지만, 저도 설교

를 매우 중요하게 생각합니다. 아니 저는 설교를 아주 잘하고 싶은 마음이 간절합니다. 물론 늘 생각만큼 되지는 않습니다만(웃음), 그래도 설교를 정말 잘하고 싶습니다. 그래서 설교 준비에 많은 시간과 에너지를 쏟습니다. 매일 오전 시간에는 특별한 일이 없는 한 전적으로 성경을 연구하면서 설교를 준비하는 일에 시간을 할애합니다. 설교 스타일은 강해설교를 원칙으로 하되 교회 상황이나 교인들의 형편에 따라 주제설교를 하기도 합니다. 성경본문을 정확하게 해석하기 위해 가급적 주석류와 신학서적을 많이 읽는 편이며, 교인들의 삶의 정황을 더 깊이 이해하기 위해서, 그리고 우리 시대의 여러 이슈에 대해서 폭넓은 식견을 얻기 위해서 다양한 인문사회학 서적들도 즐겨 보는 편입니다. 또 한 가지 덧붙이면, 이왕이면 아름답고 정치한 언어로 설교하고 싶은 욕심이 있어서 단편소설집이나 에세이집을 자주 구해서 봅니다. 제 경험으로는 문학서적을 가까이 하는 것이 확실히 도움이 되는 것 같습니다.

**질문 5** 목사님의 말씀을 듣다 보니, 앞으로 목사님 설교가 좋다고 소문이 나서 다른 교회에 속한 성도들이 목사님 교회로 옮겨가지 않을까 하는 걱정이 되는군요(웃음). 교인들의 수평이동에 대해서는 어떻게 생각하시는지요?

**답** 먼저 양해를 구하고 싶은 것은 제가 제 자랑을 할 목적으로 개인 기도생활과 성경연구에 대해서 말씀을 드린 것은 아닙니다. 혹시라도 앞서 말씀드린 것 때문에 마음이 언짢은 분이 계시다면 사과드리겠습니다.

제가 수평이동을 유발할 정도로 설교를 잘하는지는 솔직히 잘 모르겠습니다. 그러나 저는 동일한 행정구역 내에 있는 교회의 성도들이 특별한 사유나 연고 없이 교회를 옮기는 것에 대해서는 별로 긍정적이지 않습니다. 더군다나 설교 때문에 교회를 옮기는 것은 찬성할 수 없습니다. 성도가 하나님께 예배를 드리는 것은 하나님의 뜻을 깨달아 순종함으로써 영광을 돌리기 위함이지, 어떤 감동적인 종교 강연을 듣기 위함이 아닙니다. 따라서 좀 더 나은 설교를 듣는 것만을 목적으로 철새처럼 교회를 옮겨 다니는 것에 대해서 매우 부정적인 입장을 갖고 있습니다. 그런 맥락에서 저는 얼마든지 철새 성도의 교회 등록을 거부하거나 보류할 의향이 있습니다.

그렇지만 경우에 따라서는 피치 못할 사정으로 교회를 옮겨야 할 일도 있을 것입니다. 문제는 가까운 지역에서 교회를 옮기는 경우, 평소 얼굴을 알고 지내던 목회자들의 입장이 상당히 곤란하다는 것입니다. 세상에 어떤 목사도 자기 양을 빼앗겼다고 생각하면 기분이 좋지 않겠지요. 그럼

에도 혹 이런 일이 일어난다면 감정적으로 대응하기보다
는 그 성도가 교회를 옮기게 된 저간의 사정을 공유하는 동
시에 목사들의 이해관계가 아닌 한 사람의 성도가 실족하
지 않고 건강하고 행복하게 신앙생활할 수 있는 최선의 방
안을 함께 모색하는 것이 진정한 목자의 자세가 아닌가 생
각합니다. 그리고 이것은 저희 교회를 출석하시던 성도께서
다른 교회로 옮기실 때도 동일하게 적용될 것입니다.

**질문 6** 기왕 말씀이 나왔으니 비슷한 이야기를 한 가지 더 나눴으면
좋겠습니다. 수평이동을 하는 교인들 중에는 더 은혜로운 예배와
설교를 찾아서, 또는 자녀들이 더 좋은 환경에서 신앙생활하기를
바라는 목적으로 교회를 옮기는 분들도 있지만, 간혹 기존에 출석
하던 교회에서 사고를 치거나 추문을 일으키고 다른 교회로 가는
분들도 있습니다. 저는 이런 경우 어떤 이유에서든지 그런 교인을
교우로 받아주면 안 된다고 생각하는데 현실은 전혀 그렇지 못합
니다. 한 교회에서 대형사고를 치고 떠난 사람들도 다른 교회에 가
면 새신자라고 해서 더 환영받는 것이 현실입니다. 만일 그런 사람
들이 돈이라도 좀 있으면 말할 나위가 없고요. 목사님은 이런 부분
에 대해서 어떻게 생각하십니까?

**답** 저도 말씀하신 문제의식에 100% 공감하고 동의합니다. 사
실 교회의 전통에는 '권징'이라는 것이 있지 않습니까? 권

징은 교회의 거룩함을 지키기 위한 수단입니다. 저희 장로
교는 교회의 참 표징을 논할 때 바른 설교, 바른 성찬과 함
께 바른 권징의 시행을 말합니다. 만일 어떤 성도가 불의한
일로 권징을 받으면 해당 교회나 노회에서 직접 권징을 해
제하기 전에는 어떤 교회에서도 그를 성도의 교제권 안으
로 받아들여서는 안 됩니다. 그러나 애석하게도 현실은 교
회의 성결을 지키기 위한 이런 제도와 조항들이 완전히 유
명무실해졌습니다. 이는 모두 지나치게 많은 신학교와 교회
가 난립하고, 목회가 성공을 향해 질주하는 폭주 기관차처
럼 인식되고, 목회 현장이 서로 뺏고 뺏기는 정글과 같이 변
질되었기 때문이겠지요.

저 개인적으로는 목회를 하는 동안 권징당하고 해벌받
지 않은 사람을 교인으로 받아들이는 일은 없을 것입니다.
또 비록 공식적인 절차를 밟아 권징당하지 않더라도 기존
에 출석하던 교회에서 각종 사고나 추문에 휘말린 채 교회
를 옮기는 사람들은 교인으로 받지 않겠습니다. 그 사람이
제아무리 대단한 권세가나 재력가라도 말입니다. 아울러 저
도 기왕 말이 나왔으니 여러 선배 동료 목사님들께 부탁드
리고 싶은 것이 있습니다. 앞으로 우리 지역의 교회들만이
라도 서로 긴밀한 교제를 나누는 가운데 최소한 권징 대상
자들이 아무 양심의 거리낌 없이 이 교회 저 교회에 옮겨 다

닐 수 있는 풍토만큼은 근절시킬 수 있도록 공동의 노력을
기울였으면 합니다.

**질문 7** 목사님, 저는 오늘 이 자리가 얼마나 신선한지 모르겠습니다.
그동안 목사님들이 모인 자리에 가면 목회와는 전혀 상관없는 비
본질적인 이야기들만 오가서 혼자 참 많이 속상해했는데 오늘은
이렇게 여러 목회자분들과 우리 시대 한국교회 문제들을 정면으
로 건드려가며 논의하니 정말 유익합니다. 개인적으로 저는 오늘
모임을 통해서 한국교회의 희망을 보는 듯합니다.

제가 드리고 싶은 말씀은 지역에 위치한 대형교회 때문에 그
주변의 작은 교회들이 고사하는 현실입니다. 앞서도 언급하셨지
만, 목사님들의 성공 야망이 때로는 브레이크 없는 질주와 같다
는 생각이 듭니다. 저 정도면 충분히 성장한 것 같은 교회도 더 많
은 교인을 끌어모으기 위해서 수단방법을 가리지 않고 문어발식
확장 정책을 펴는 것을 볼 때마다, 그리고 그런 교회 때문에 우리
같이 힘없고 작은 교회들이 애써서 간신히 전도해놓은 사람이 어
느 날 훌쩍 그 교회로 떠나는 일이 반복될 때마다 낙심될 때가 한
두 번이 아닙니다. 제가 보기에는 대형교회 목사님들은 우리처럼
작은 교회 목사들은 안중에도 없는 것 같습니다. 당장 오늘만 해
도 지역의 목사님들이 다 함께 모이는 자리인데도, 우리 지역교회
의 큰 교회 목사님들은 다 불참하시지 않았습니까? 실례가 안 된

다면 앞으로 목사님은 대형교회 목사님들과 어떤 관계를 맺으실 것인지, 그리고 대형교회에 맞서 목사님의 양 떼를 어떻게 지키실 것인지에 대한 솔직한 의견을 듣고 싶습니다.

답 참으로 뼈아픈 이야기를 해주셨습니다. 그만큼 우리 모두가 머리를 맞대고 함께 풀어야 할 숙제이기도 하고요. 오늘날 대형교회와 주위의 군소 교회의 관계는, 대형할인점과 동네 슈퍼마켓의 관계와 유사합니다. 거대 자본과 서비스를 앞세운 대형할인점이 들어서면 그 주변의 영세 상인들이 큰 피해를 입듯이 마찬가지로 대형교회가 하나 탄생하면 그 주변의 수많은 교회들이 좋지 않은 영향을 받습니다.

영어로 메가처치라고 부르는 대형교회 현상은 사실은 목회자와 신도들의 욕망이 교묘하게 맞아떨어져서 탄생하는 것입니다. 대부분의 목회자들은 교회 규모를 키움으로써 자신의 목회인생이 성공적이라는 것을 공인받고 싶어합니다. 그래서 세속적인 방식을 마구잡이식으로 도입하면서까지 어떻게든 교회를 성장시키려고 혈안이 되어 있습니다. 동시에 대다수 신도들은 기왕이면 대접받으면서 편하게 신앙생활 하려는 심리가 강합니다. 또 다양한 종교 서비스를 제공받고 싶어합니다. 대형교회 현상은 바로 이런 목회자와 신자들의 이해관계가 절묘하게 맞아떨어지는 지점에서 성립됩니다.

대형교회 현상은 단순히 목회자와 교인 상호 간의 욕망

의 교집합에만 머물지 않고 그 욕망을 자기증식 또는 자가
확대하고자 하는 성질이 있습니다. 대형교회들이 지교회라
는 명목으로 수많은 지역에 동일한 브랜드를 내걸고 마치
체인점같이 지점을 차리는 것이 그런 예입니다. 대형교회의
자기 확장 욕망이 거대한 자본과 인력, 시스템을 통해서 가
공되어 아주 세련된 종교 프로그램을 앞세워, 동일 브랜드
로 동일 서비스를 공간의 한계 없이 제공하는 데까지 이른
것입니다. 제가 더 길게 말씀드리지 않아도 이런 식의 교회
는 일종의 종교 기업이지, 신약성경이 가르치는 교회가 아
니라는 데 모두 공감하실 것입니다.

그렇다면 어떻게 해야 대형교회가 가져오는 폐해들을
사전에 방지하고 또 이를 극복할 수 있을까요? 어찌 보면
아주 소박한 해결책처럼 보일 수도 있지만, 저는 우리 목회
자들이 기본으로 돌아가서 두 가지를 실천해야 한다고 생
각합니다. 하나는 반복되는 이야기입니다만, 목회자들이 목
회성공병에서 자유로워지는 것입니다. 꼭 대형교회만이 아
니라 심지어 중형 교회에 대한 환상과 동경에서도 벗어나
야 합니다. '교회 규모 = 목회 성공'이라는 등식을 내려놓
을 때 비로소 목회자 자신도, 목회자의 가정도, 그리고 성도
들까지도 신앙을 빙자한 탐욕과 강박에서 벗어나 진정으로
행복해질 수 있습니다.

그리고 말씀이 나왔으니 한 가지 더 부연하자면, 지금 한국교회가 쇠퇴하는 속도를 볼 때 앞으로 수년 안에 기존의 많은 교회의 건물이 공동화되는 현상이 벌어질 가능성이 매우 높습니다. 솔직히 이대로 가다가는 한국교회도 불원간 서구유럽의 교회들처럼 웅장한 예배당 한쪽 귀퉁이에서 소수의 사람들만 모여 예배드리는 날이 오지 말라는 법이 없습니다. 그 정도로 한국교회 쇠퇴의 속도가 빨라지고 있다는 말씀입니다. 그런데 아직도 상황파악을 하지 못하고서, 일단 예배당을 크게 지어 놓으면 하나님께서 다 채워 주신다는 수십 년 전 패러다임에 갇힌 채 교인들의 집을 담보 잡아가면서까지 금융권에서 막대한 대출을 받아 예배당을 짓는 일들이 지금도 벌어지고 있습니다. 하지만 앞으로 이런 교회들은 큰 어려움을 당할 게 분명합니다. 헌금을 할 수 있는 젊은 교인들의 숫자가 무섭게 감소하는 데다, 교회에 남아 있는 신자들이 고령화되면서 수입이 고갈되고 있기 때문입니다. 왜 이런 어처구니없는 일들이 지속되는 것일까요? 네, 짐작하시는 것처럼 아직도 많은 목회자들이 교회 성장에 대한 환상과 미련을 못 버렸기 때문입니다. 그래서 저는 지금 이 시점에서 어느 특정 교회가 아닌 한국교회 전체가 살 수 있는 지름길은 '교회 규모＝목회 성공'이란 등식을 폐기처분하는 것이라고 생각합니다.

대형교회가 유발하는 문제를 해결하는 또 다른 방안은 성경적인 교회론을 회복하는 것입니다. 전통적인 신학에서는 성경에 기초하여 교회를 그리스도의 몸으로 이해했습니다. 이 말은 교회가 조직체가 아닌 유기체라는 의미입니다. 그리고 교회가 생명력을 간직한 유기체로서 존재하기 위해서는 일정 규모 이상으로 커지면 안 됩니다. 교회가 지나치게 비대해지면 그 안에서 생명력 있는 교제와 나눔이 불가능해지기 때문입니다. 또한 전통적인 신학에서는 교회를 특정한 지역교회 같은 가견적 교회만이 아닌 우주적 단일 교회로서 불가견적 교회로 존재하는 것을 강조하였습니다. 이것은 비록 우리가 섬기는 교회는 각기 다를지라도 우리 모두가 예수 그리스도의 우주적 교회 안에서 한 일원이라는 뜻입니다. 저는 이런 성경적이고 전통적인 교회론을 회복한다면, 우리가 교회 성장이라는 허황된 우상숭배에 빠져 양도둑질을 일삼으면서까지 서로를 적대시하며 경쟁하는 목회를 당장에 중단할 수 있다고 생각합니다. 동시에 우리가 같은 지역에서 서로 협력하고 섬기면서 하나님 나라의 가치실현이라는 공동의 목표를 향해 나아갈 수 있다고 믿습니다.

**질문 8** 장로교의 시찰회나 노회, 감리교의 지방회 또는 연회 같은 곳에 가 보면 거의 예외 없이 교회 크기별로 목사님들의 자리가 정해져 있습니다. 쉽게 말해서 큰 교회 목사님들은 그분들끼리, 작은 교회 목사님들은 또 그분들끼리 모여서 식사하고 대화하는 풍경이 자연스럽다는 것이지요. 현실이 이렇다 보니 젊은 목회자들이나 작은 교회 목회자가 기어이 교회 성장을 이루고 싶어하는 것은 아닌가 하는 생각도 듭니다. 정녕 교회 크기와 상관없이 모든 목회자가 예수 그리스도 안에서 온전히 연합하고 교제하는 꿈은 불가능할까요?

**답** 목사님들의 세계에서 계급이나 서열 비슷한 것이 존재한다는 것은 정말 불행한 일입니다. 교회 크기에 따라 '큰 종', '중간 종', '작은 종'으로 나뉜다면, 하나님 나라의 가치와 원리에 비추어볼 때 얼마나 큰 모순이겠습니까? 이런 현상은 전적으로 성경을 오해한 데서 비롯됩니다. 성경은 하나님이 고아나 과부, 병자 같은 사회 약자들에게 편파적일 정도로 큰 애정과 관심이 있으시다고 말합니다. 또 성경은 '소자', 즉 작은 자에 대한 하나님의 마음을 잘 설명해주고 있습니다. "또 누구든지 제자의 이름으로 이 작은 자 중 하나에게 냉수 한 그릇이라도 주는 자는 내가 진실로 너희에게 이르노니 그 사람이 결단코 상을 잃지 아니하리라"(마 10:42). 심지어 성경은 소자 한 사람을 실족시키는 자는 연자 맷돌을 목에 메고 바다에 빠지는 것이 낫다고까지 말합니다(마 18:6; 막 9:42; 눅 17:2). 이런 말씀을 저희 목회자들에게 적용해본다면, 저는 하나님께서 유명하고 화려한 목회자들보다는 어렵고 힘든 여건 속에서도 고난을 감내하며 이름 없이 빛도 없이 묵묵히 목회에 전념하는 분들에게 더 많은 관심과 긍휼을 갖고 계실 것이라고 믿습니다. 또 한 가지 목회직이 세상 계급과 같은 권력 개념이 아니라 '섬김'을 위한 직분이라는 것을 기억한다면 교회 크기에 비추어 큰 종, 작은 종을 나누고 그 사이에 분리장벽을 설치하는 일은 감히 꿈도 꿀 수 없겠지요. 우리는 많이 맡긴 자에게는 많은 것을 계산하실 거라는 경고를 늘 명심해야겠습니다.

물론 그렇다고 해서 목사님들이 아무런 질서나 구별도 없이 시쳇말로 계급장 떼고 모두 다 맞짱 뜨자는 이야기는 절대 아닙니다. 목사님들 사이에도 거룩한 질서가 있어야 합니다. 하지만 그것이 교회 크기나 정치적 수완에 따라 매겨지지 않고 영성과 성품에 따라 구별되어야 할 것입니다. 어떤 목사님이 비록 섬기시는 교회가 좀 작더라도 예수 그리스도를 닮은 성품과 제자의 삶이 있다면 이런 분이 목사님들 사이에서 존경받는 풍토가 만들어져야 합니다. 또한 굳이 동양의 장유유서 전통을 들먹이지 않더라도 목회 일선에서 오랫동안 사역해오신 어르신들은 교회 크기와 상관없이 선배 혹은 원로로서 마땅히 존경을 받아야 한다고 생각합니다.

**질문 9** 조금 외람된 말씀일 수 있지만, 저는 목사님이 여유 있는 자의 입장에서 너무 쉽게 이야기하는 것 아닌가 하는 생각을 지울 수가 없습니다. 저 같은 경우는 개척한 지 몇 년이 지났는데도 교인 수가 두 손가락으로 간신히 꼽을 수 있을 정도입니다. 임대한 건물 월세도 제대로 못 내서 건물주에게 얼마나 시달리는지 모릅니다. 자존심이 상해서 주변 사람들에게 이야기는 안 했지만, 제 아내가 생활비를 벌려고 교회에서 멀리 떨어진 곳에 있는 식당에서 허드렛일을 하고 있습니다. 아이들을 학원에 보내는 것은 꿈도 꾸지 못할 일입니다. 개척교회가 얼마나 고통스럽고 참담한지를 아주 톡톡히 경험하고 있습니다. 솔직히 저희 같은 개척교회 목사들이 볼 때는 앞에서 목사님이 하신 모든 말씀이 너무 추상적이고 사치스럽게 들립니다.

**답** 말씀을 듣고 보니 목사님 입장에서는 충분히 그런 뉘앙스로 받아들이실 수도 있겠다는 생각이 듭니다. 전혀 그럴 의도가 아니었지만 어쨌거나 제 말로 인해 서운한 생각이 드셨다니 죄송한 마음이 듭니다. 너그러이 용서해주시길 바랍니다. 사실 저희 아버님도 평생 가난한 개척교회 목사님으로 사역하시다가 천국에 가셨습니다. 아무리 애쓰고 기도해도 교회가 부흥하지 않는 것 때문에 늘 좌절하고 힘들어하시던 부모님의 모습을 곁에서 지켜보며 자랐기 때문에 저도 목사님의 마음을 어느 정도 이해할 수 있을 것 같습니다.

저는 한국교회의 80% 가까이를 차지하는 개척교회 혹은 미자립교회의 문제를 해결하지 않고는 한국교회가 한 걸음도 앞으로 나아갈 수 없다고 생각합니다. 개척교회(미자립교회) 문제를 해결하기 위해서는 우선적으로 두 가지 요건이 충족되어야 합니다. 첫째는 신학교를 대대적으로 구조조정해서 현실에 맞게 목회자 공급률을 조절하는 것입니다. 사실 지금은 교회와 교인 수에 비해서 목회자 배출 숫자가 너무 과도하게 많지 않습니까? 아주 기본적인 수요공급의 원칙이 깨지다 보니 목회 현장이 약육강식의 원리가 지배하는 밀림처럼 변질된 지 오래입니다. 둘째는 각 교단 총회가 교단 안의 미자립교회들을 보호하고 후원하는 종합적인 체계를 갖추는 것입니다. 그러나 이 두 가지 방안을 단기간에 시행할 수 있는 안목이나 능력이 없다는 것이 한국교회의 치명적인 약점입니다.

미자립교회의 어려움을 목회자 스스로 타개해야 하는 현실에서는 그 목회자가 생각을 바꾸는 길이 가장 현실적인 대안일 것입니다. 쉽게 말해서 본인이 사역하는 교회가 성장하지 못하는 이유를 자신의 영성과 능력 부족으로 돌리면서 자책하거나 열등감에 빠지지 말고, 이런 문제들은 한국교회가 빠져 있는 일종의 수렁과 같은 구조적인 문제라고 생각하는 것입니다. 그리고 이런 수렁에서 빠져 나올

수 있는 현실적인 방법을 강구하는 것이 더 지혜로운 선택
일 것입니다.

그래서 저는 미자립교회 목사님들이 주중에는 생계유지
를 위해서 일을 하는 것도 나쁘지 않다고 생각합니다. 또 힘
겹게 월세 내면서 부동산 임대업자들의 배만 불려주기보다
는 과감하게 가정교회 형태로 전환해서 주일에 가정에 모
여 양질의 예배와 교제를 추구하는 것이 더 현실적이라고
생각합니다. 교회가 그리스도의 몸으로서 참된 공동체라는
확고한 교회관을 가지고 목회 성공이라는 야망만 내려놓으
면 얼마든지 가능한 일입니다. 만일 이런 제안이 못마땅하
시다면, 부단한 말씀 연구와 간절한 기도를 통해 영성의 우
물을 더 깊이 파서서 성령의 능력을 체험하시도록 엎드리
는 것 말고는 달리 방법이 없는 것 같습니다.

한 가지만 더 추가로 말씀을 드리면, 앞으로 저희 교회
는 예산의 일부를 주변 지역의 미자립교회 목사님들을 위
한 도서비 지원에 사용할 계획을 가지고 있습니다. 물론 현
금으로 드리지 않고 직접 좋은 책들을 구매해서 보내드리
려고 합니다. 미자립교회 목사님들이 보다 많은 성경연구
와 독서를 통해서 설교 수준을 지속적으로 향상시키는 것
이 목회가 극히 어려운 시대에 교회를 살리는 가장 훌륭한
방편이라고 믿기 때문입니다. 또 혹시 뒤에서 더 자세히 말

쏟드릴 기회가 있을지 모르겠지만, 우리 지역에서 상대적으로 재정의 여유가 있는 교회들이 해외 선교지나 농어촌교회 후원도 좋지만 기왕이면 주변의 미자립교회들에게 선교비를 나누는 것도 좋을 것 같습니다. 나아가 함께 공동기금을 조성하여 미자립교회 목회자 자녀들의 학비를 지원하는 시스템을 만들어 추진하면 정말 근사할 것 같습니다.

**질문 10** 누워서 침 뱉기지만, 갈수록 목회자들의 추문과 부패 정도가 심해지는 것 같습니다. 목회자들의 금전 사고, 성추문, 이혼, 가짜 박사학위, 논문표절에 관한 뉴스가 끊이지 않고 있습니다. 한국사회에서 개신교에 대한 신뢰도가 급강하한 데는 이러한 목회자들의 추잡한 모습들이 결정적인 영향을 끼쳤을 것입니다. 그런데 더 큰 문제는 목회자들 세계에서 이런 문제를 스스로 정화할 능력이 고갈되었다는 데 있습니다. 오죽하면 노회를 가리켜 '목사들의 노조'라고 비아냥거리는 말까지 등장했겠습니까? 교인들이 참다못해 자기 목사의 부정을 해결해달라고 노회에 호소해도 목사들이 자기 식구 감싸기로 일관하기 때문에 이런 말들이 나오는 것 아니겠습니까? 목사님께서는 이런 문제들을 어떻게 보시는지요?

**답** 네, 말씀하신 것처럼 부끄럽고 참담한 일입니다. 솔직히 이대로 가다가는 이 다음에 주님의 심판대 앞에서 어떻게 고개를 들 수 있을지 심히 염려되기까지 합니다.

저는 '윤리'에 대해서 두 가지 생각을 가지고 있습니다. 먼저 윤리는 '지키라'고 있는 것입니다. 또 하나 윤리는 그 수준을 '높이라'고 있는 것입니다. 성경은 교회를 가리켜 반복해서 '거룩한 공동체'라고 가르칩니다. 이 말의 의미는 교회가 고결한 윤리적 기준을 가진 공동체라는 뜻으로 해석해도 무방할 것입니다. 교회가 윤리적 성격만 지니는 공동체는 아니지만, 신령한 공동체로서 교회는 반드시 윤리적이어야 합니다. 특별히 교회는 세상보다 더 높은 윤리적 기준을 가지고 있어야 합니다. 그러나 작금의 현실은 교회가 세상 기준보다도 못한 윤리 공동체로 전락한 지 오래입니다. 아니 아주 심하게 표현한다면 도대체 오늘날 한국교회 안에 윤리가 있기나 한지 의심될 정도의 일들이 너무 많이 벌어지고 있습니다. 그러니 세상 사람들이 교회를 손가락질하고 욕하는 것입니다.

교회가 거룩해지려면 종교적인 열심만 가지고는 안 됩니다. 먼저 도덕성을 회복해야 합니다. 윤리적인 면에서도 교회가 세상의 등대 역할을 해야 합니다. 그러려면 먼저 목회자들이 윤리적 감수성을 회복해야 하겠지요. 즉 윤리적 감각을 회복해야 합니다. 윤리적 감각은 크게 양심의 회복과 사회 윤리에 대한 올바른 식견을 포함합니다. 한국교회 목회자들이 고결한 양심과 21세기 민주사회에 걸맞은 사회

윤리에 대한 지식과 감각을 갖추도록 노력해야 합니다. 하나님의 사랑과 은혜를 앞세워 비윤리적인 것들이 교회 안에서 관행이 되도록 용인해서는 안 됩니다. 목회자들이 앞장서서 윤리적 기준을 더 높이려고 안간힘을 써야 합니다. 그래야 한국교회가 살 수 있습니다.

한편 목회자들도 사람이기에 실수할 수 있습니다. 그러나 윤리적으로 실패한 목회자들이 회개하지 않고 오히려 버젓이 활동하는 것은 정말 큰 문제입니다. 심지어 목회자와 맞서면 하나님께 저주받는다는 논리를 앞세워 옳은 소리를 하는 성도들을 탄압하고 핍박하는 경우들이 얼마나 많은지 모릅니다. 이런 행위는 본인이 성경적 신앙에 대해 무지할뿐더러 심하게 표현한다면 스스로 무당임을 드러내는 언사에 지나지 않습니다. 다시 말씀드립니다만, 목회자가 실수하거나 실패했을 때는 자숙하고 회개하는 것이 성경적입니다. 그리고 가령 성적인 추문 같은 경우는 목회직을 사임하고 전문가의 도움을 받아서 회복치유과정을 밟는 것이 윤리적인 선택인 데다 안전하기까지 합니다. 평소 존경하는 선배 목사님들과 멘토와 멘티 관계를 형성하여 시험과 갈등이 있을 때마다 필요한 조언과 도움을 받는 것도 사고를 미연에 방지하는 좋은 방책이 될 것입니다.

재정 사고, 성적 추문, 설교와 논문 표절과는 성격이 조금 다르지만, 현재 한국교회 안에서 크게 문제가 되고 있는 목회자의 비윤리적 행태 중 하나가 일부 목사님들의 망언 혹은 망발이라고 부를 수 있는 언동들이라고 생각합니다. 사회적 상식과 아주 동떨어진 비윤리적이고 반역사적인 발언들을 설교 시간에 공공연하게 발설함으로써 사회적 공분을 초래하는 일들 말입니다. 가령 뜻하지 않은 재난으로 목숨과 재산을 잃은 사람들을 향해서 '하나님의 뜻'이라거나 '죗값을 치른 것'이라고 함부로 재단함으로써 결과적으로 한국 개신교 전체에 크나큰 타격을 입히는 행위야말로 매우 비윤리적인 언행입니다.

그럼 왜 자꾸 이런 일들이 반복될까요? 기본적으로는 목사님들의 개인적 교양과 자질을 의심해볼 수 있습니다. 그러나 다른 근본적인 문제들이 그 기저에 자리하고 있을 거라 생각됩니다. 제 추측으로는 많은 목사님들이 모든 사회적·역사적 사건에 대해서 종교적인 해석과 판단을 내려줘야 한다는, 그래야 신령해보인다는 일종의 강박관념에 사로잡혀 있는 게 아닌가 하는 의심이 듭니다. 그러나 저는 어떤 사회적·역사적 사건과 현상에 대해서 목사님들이 단정적으로 말할 만한 지식과 확신이 없다면 차라리 사회 일반의 상식을 따르든지 아니면 침묵하는 것이 훨씬 더 윤리적인 선택이라고 생각합니다.

그리고 목회자들과 교회가 윤리적 감수성을 회복하는
일은 목회자들의 노력만으로는 한계가 있습니다. 교인들
이 함께 힘을 모아야 합니다. 즉 교인들이 자신들의 목회자
가 비윤리적인 일에 연루되어 있어도 설교만 잘하면 된다
는 사고방식에 빠져 있는 한 그 교회가 윤리적 고결함을 확
보할 길은 없습니다. 담임목사가 비윤리적인 언행을 일삼는
다면 교인들이 "노"(NO)라고 단호하게 말할 수 있어야 합니
다. 그래야 목회자들도 더욱 조심할 것입니다. 물론 윤리적
인 기준을 엄격히 지키는 것은 피차간에 대단히 불편합니
다. 그러나 우리가 그런 불편함을 감수하려는 용기를 발휘
할 때 한국교회가 우리 사회에서 잃어버린 신뢰를 회복할
수 있을 것입니다.

**질문 11** 저는 목사님들의 모임에 갈 때마다, 특별히 은퇴를 몇 년 앞
둔 목사님들이 모이시기만 하면 대화의 주제가 퇴직금 쪽으로 흐
르는 것을 보면 가슴이 너무 아픕니다. 심지어 어느 모임에서는
퇴직금을 한 푼이라도 더 받으려고 노하우를 공유하는 모습을 보
고 큰 충격을 받았습니다. 목사님, 대체 목회자들이 퇴직금을 어
느 정도까지 받아야 할까요?

**답** 지금 우리 사회 평균수명이 곧 90세를 바라본다고 하지 않습
니까? 목회자들도 사람이다 보니 노후 걱정을 하는 것이 어

찌 보면 자연스러울 수 있습니다. 그러나 미래에 대한 지나친 걱정은 성경적이지 않고, 더욱이 목회자가 과도하게 돈을 밝히는 것은 어떤 이유로도 정당화될 수 없습니다.

목회자들의 퇴직금을 논하기 위해서는 다음과 같은 몇 가지 요소를 고려해야 할 것 같습니다. 첫째, 오늘날 우리 사회에서 정년이 70세까지 보장된 직업은 목사들뿐입니다. 둘째, 교인들의 경우 취업하는 것 자체가 어렵지만 요행히 취업을 한다 해도 40대 중반만 되면 정기적인 수입이 사라질 정도로 경제적인 위기가 크고 사회안전망이 부실합니다. 셋째, 목회자의 퇴직금은 교인들이 힘겹게 낸 헌금으로 충당됩니다. 넷째, 목회자들 세계에서도 양극화 현상이 극심합니다. 다섯째, 근본적으로 목회자로 부름을 받은 것이 물질적 보상에 대한 기대나 욕심 때문이 아니라는 것을 망각하지 말아야 합니다. 이런 점들을 진지하게 고려한다면 목회자가 교회에 큰 짐을 안기면서까지, 또 사회적인 비난을 받으면서까지 기를 쓰고 막대한 액수의 퇴직금을 받으려고 하지 않을 거라고 생각합니다. 앞에서 드렸던 많은 이슈들과 마찬가지로 퇴직금 문제도, 사회 일반의 상식과 통념에서 크게 어긋나지 않는 판단과 행동이 필요합니다.

제가 재정이나 회계 전문가가 아니어서 퇴직금 문제를 전문적으로 설명해드리기는 어렵습니다. 다만 교단마다 은급 사업부를 두고 목회자들의 은퇴 이후를 지원하기 위한 시스템을 갖추고 있으니 그런 시스템을 활용할 수 있겠습니다. 교단의 은급 시스템을 믿을 수 없어 하는 분들께서는 국민연금제도나 연금보험제도를 활용하시면서 노후를 준비하시는 것도 현실적인 방안이라고 생각합니다.

이런 말씀을 드리면 또 어떤 분들은 그것도 다 어느 정도 갖춘 목사들 이야기지, 미자립교회 목사들에게는 전혀와 닿지 않는 이야기라고 비판하실 수 있습니다. 그래서 교회적으로 은퇴 이후를 전혀 준비하실 수 없는 분들께서는 근로소득세 신고에 대해 진지하게 고려해보시라고 권해드리고 싶습니다. 그렇게 되면 이런 처지에 있는 분들은 최저 생계비 이하의 소득으로 세금을 납부하기는커녕 오히려 국가의 복지안전망 안으로 편입되어 최소한의 생활보호를 받을 수 있는 장점이 있습니다. 종교인은 절대로 과세의 대상이 될 수 없다는 논리에 갇혀 있기보다는 이런 방식으로 문제를 해결해나가는 것이 더 지혜로운 선택이 되리라 생각합니다.

오늘은 여기까지 말씀을 나누고 모임을 종료하려고 합니다. 다시금 오늘 모임에 참석하셔서 자리를 빛내주신 선배, 동료 목사님들께 깊은 감사의 말씀을 드립니다. 앞으로 정기적으로 만나서 교제하며, 기도하며, 공부하며, 나아가 가족들끼리 함께 교류도 하고, 교회가 서로 연합하여 예배도 드리고, 공동사역도 개발하는 단계까지 관계가 깊어졌으면 하는 마음이 큽니다. 부족한 점이 많지만 제가 열심히 섬기고 배우겠습니다. 많은 지도편달을 부탁합니다. 모쪼록 평안히 돌아가시고 평강의 주님께서 모든 사역들 위에 늘 함께하시길 기도드리겠습니다.

무언가를 처음 세울 때는 오랜 시간에 걸쳐 지난한 노력과 인내가 필요하지만 그것이 허물어지고 망할 때는 그리 많은 시간이 필요하지 않음은 역사가 보여주는 교훈입니다. 거대한 제국, 위대한 기업, 명문 가문들이 탄생하는 데는 엄청난 에너지가 소모되지만 그것이 무너지는 것은 한순간입니다. 교회도 마찬가지입니다. 지난 2천 년의 교회 역사가 보여주는 교훈은 교회를 세우는 데는 수많은 순교자의 피와 성도들의 기도와 목회자와 신학자들의 눈물과 땀이 필요하지만, 그것이 쇠락의 길을 갈 때는 시곗바늘을 빠르게 돌리듯이 단 한순간에 일어난다는 것입니다. 그리고 우리는 지금 이 사실을 직접 눈으로 목도하는 시대에 살고 있습니다. 세계교회의 찬사를 받으며 급성장했던 한국교회가 세속화의 늪에 빠져 급격한 쇠락의 길에 접어든 것입니다.

마치 2014년 4월 16일 진도 앞바다에서 침몰한 세월호처럼 한국교회도 깊은 심해로 가라앉고 있습니다. 정부와 해경이 세월호에 승선했던 승객(대부분 어린 학생들)들을 적극적으로 구조하

247

지 않아서 304명의 아까운 생명들이 끝내 바닷속으로 사라져버렸습니다. 아직도 너무 많은 목회자와 성도들이 지금 한국개신교회가 처한 상황이 얼마나 다급하고 엄중한지를 제대로 인식하지 못하고 과거의 패러다임에 갇혀 무사안일주의에 빠져 있는 것 같습니다. 지금 한국교회는 남아 있는 시간이 많지 않습니다.

한국교회가 회생하는 길은 오직 하나뿐입니다. 세상의 권력과 부귀와 명예를 좇아 세속화의 길을 따랐던 것을 통회자복하고 하나님께로 돌아가는 것입니다. 따라서 한국교회 안에 대대적인 회개 운동이 일어나야 합니다. 연례행사처럼 되풀이되는 프로그램으로서의 회개가 아닌 진짜 성령께서 오셔서 말씀의 불방망이로 목회자들과 성도들의 완고하고 강팍한 심령을 깨부수는 진정한 회개의 역사가 일어나야 합니다. 밝은 태양이 신새벽의 어둠을 뚫고 홀연히 온 세상을 환한 빛으로 물들이듯이 진리와 공의의 빛이신 성삼위일체 하나님께서 한국교회 안에 찾아오셔서 교회를 지배하고 있는 모든 어둠의 권세들을 일망타진하고, 어둠의 세력에게 포로가 되어 견고한 진을 쌓아두었던 우리들의 모든 더러운 관행과 사고방식을 일소시켜주시길 원하는 간절한 기도 운동이 일어나야 합니다.

한국교회가 그간의 잘못된 길에서 돌이켜 대대적인 회개를 하기 위해서는 가장 먼저 하나님에 대한 잘못된 생각을 교정해야 합니다. 참으로 서글프게도 교회 안의 너무나 많은 신자들이 하나님을 무속종교의 도깨비방망이 정도로만 생각하는 죄를 범하고 있습니다. 하나님의 전공을, 사람을 구원해서 이 땅에서 실컷 복을 준 다음에 천국에 데려가시는 일 정도로 생각하는 사람들 말입니다. 그래서 기독교적인 주문만 외우고 적당히 비위만 맞춰 드리면 하나님께서 언제나 오냐오냐 하면서 사람의 욕망과 필요를 채워주실 줄로 착각합니다. 그 결과 구약의 이스라엘이 황금 송아지 앞에서 춤을 추고 노래를 부르면서 "이것이 야웨다"라고 외쳤던 것과 같은 일이 벌어지고 있습니다. 그리고 이런 식으로 하나님을 오해하고 곡해했기 때문에 교회가 탐욕의 노예가 되어 거룩함을 잃어버린 것입니다.

한국교회가 바로 서기 위해서는 하나님을 올바로 알고 제대로 섬겨야 합니다. 하나님은 무엇보다 거룩하신 분이십니다. 거룩하신 하나님께서는 죄와 불의를 용납하지 않으십니다. 하나님의 공의의 눈동자는 부패한 것을 차마 쳐다보지도 못하십니다. 하나님은 일체의 흠과 점이 없으신 정결하신 분이십니다. 그래서 심지어 하나님의 보좌 앞에서 수종을 드는 스랍들조차도 거룩하신 하나님을 똑바로 쳐다볼 수 없어서 날개로 자기들의 얼굴을 가리지 않으면 안 되었습니다(사 6:1-3). 한국교회는 바로 이런 성경적인 하나님 개념을 회복해야 합니다. 하나님을 경외하는 가운데 그분 앞에서 모든 행동거지를 성찰하고 삼가는 진정한 코람데오의 믿음을 회복해야 합니다.

요한계시록 17-18장을 보면, 로마제국으로 상징되는 바벨론은 '큰 성'으로 묘사됩니다. 큰 성 바벨론은 외형적으로는 화려하고 사치스러운 반면 영적으로는 가증하고 더럽기 짝이 없었습니다. 그래서 그것은 다른 말로는 '음녀'라고 불립니다. 반대로 하나님의 백성 공동체의 궁극적 집합소인 새예루살렘성은 '거룩한 성'으로 묘사됩니다. 오늘 한국교회는 바벨론을 따라 큰 성이 될지, 아니면 새예루살렘성을 따라 거룩한 공동체가 될지를 결단해야 합니다. 저는 당연히 후자를 선택하는 길만이 한국교회가 살 길이라고 확신합니다.

거듭 말씀드립니다만, 한국교회가 살 길은 거룩함을 회복하는 길 외에는 없습니다. 목회자들이 거룩함을 회복해야 합니다. 목회자들의 강단 위와 아래의 모습이 동일해야 합니다. 또한 성도들이 거룩함을 회복해야 합니다. 성도들이 주일에 예배당에서 보여주는 모습과 주중에 사회에서 보여주는 모습이 동일해야 합니다. 목회자와 성도들 모두 예배와 삶이 일치해야 합니다. 그리하여 교회가 맛을 회복한 소금이 되어야 합니다. 교회가 산 위에서 빛을 발하는 동네가 되어야 합니다. 세상이 교회를 우러러보고 존경하는 때가 다시 와야 합니다. 그 길만이 한국교회가 살 길이고 또한 나아가야 할 길입니다. 지금 우리는 죽느냐 사느냐의 기로에 서 있습니다. 시간이 많지 않습니다. 운명의 시간이 점점 다가오고 있습니다. 더 늦기 전에 부디 한국교회의 구성원 모두가 마음의 허리띠를 동여매고 진리의 반석 위에 견고히 서서 하나님께로 돌아가기를 간절히 소원합니다. 하나님께 살려달라고 눈물로 밤을 지새우는 기도의 파수꾼들이 일어나기를 소원합니다. 정녕 회개만이 살 길입니다.

# 주님, 어떻게 목회할까요?

건강한 교회를 세우기 위한 성경적 목회 지침

Copyright ⓒ 황성철 2014

1쇄발행_ 2014년 8월 22일

지은이_ 황성철
펴낸이_ 김요한
펴낸곳_ 새물결플러스
편 집_ 김남국·노재현·박규준·왕희광·정인철·최율리·한재구
디자인_ 이혜린·송미현
마케팅_ 이성진
총 무_ 김명화

홈페이지 www.hwpbooks.com
이 메 일 hwpbooks@hwpbooks.com
출판등록 2008년 8월 21일 제2008-24호
주소 (우) 158-718 서울특별시 양천구 목동동로 233-1(목동) 현대드림타워 1401호
전화 02) 2652-3161
팩스 02) 2652-3191

ISBN 978-89-94752-78-5 03230

책값은 뒤표지에 있습니다.